Nací en Gobernador (Granada), donde empecé a sentir la vida con toda su intensidad. Un bello y sencillo pueblo en el que el Universo eligió mi sitio para nacer. Después, arraigada a él, enamorada de su campo, de su cielo y de su gente, en la plenitud de mi adolescencia, empecé a convertirme en ciudadana del mundo. Ahora ya, con todo mi ser fijo en el amor universal, conozco quien soy, gracias a la vida.

Carmen Jiménez Martín

EL ESPÍRITU ES CIENCIA

Colección la Razón de mi Existencia

Depósito Legal: AL-69-18
ISBN: 978-84-697-4008-8

Acabo de abrir las puertas de mi libro **El Espíritu es Ciencia**, para que coja su vuelo y recorra el mundo. Os lo presento con todo mi cariño: Es una obra que verá anochecer con el alma encandilada por los rayos del sol de una nueva mañana, que nos invita a formar filas con las danzas del destino, calzados con zapatos del amor y vestidos con rosas sin espinas.

Esta obra se la dedico a las colinas del mundo para que revelen sus secretos y nos ayuden a ver la grandeza humana, sin malas historias en la cabeza que destruyan nuestra lealtad a la pureza.

También se la dedico a mi familia, a mis amigos y a todo aquel que, al acercarme a él, he percibido algún sentimiento que me ha ayudado a sentir el poder de la vida. Me gustaría nombrarlos a todos, pero prefiero que sean ellos mismos quienes se sientan aludidos...

Seguid mirándome con buenos ojos, porque será más fácil que, entre los vuestros y los míos, se curen los males.

Carmen Jiménez.

ÍNDICE

PROLOGO

Esta obra ha sido realizada con un gran interés para compartir con la humanidad lo que voy conociendo de cuanto en mí vive, que, a su vez, es también de todo el Universo. Soy parte de Él y Él de mí, aunque yo solo sea una exigua porción de todo lo que representa. En el momento en que comencé a escribirla, presentí que iba a ser seria; que me daría la oportunidad de expresar en ella lo que quería decir. Luego, cuando el duende de la vida se entera de ello, se revuelve en mi ser, me inspiro y escribo, con él, lo que con el mundo quiero compartir, con el deseo de ponerlo en libertad.

Su mensaje radica fundamentalmente en datos sobre los principios de la base de la vida y de su evolución, bajo la conciencia de Dios. Así mismo, habla de la importancia de los valores que con ella se desarrollaron, de los grandes perjuicios que la humanidad vive por haberlos perdido, y de las repercusiones que, por ello, se han ido desencadenando.

Sobre todo, analiza el comportamiento de los seres humanos, sin ningún pudor por las verdades que dice, ni influencia por las mentiras que se viven. Al tiempo que conecta con los nuevos rayos del Sol, con la esperanza abierta a las posibilidades que, todavía, tenemos para recuperar el valor perdido de nuestras vidas.

El hecho de escribir un libro implica el compromiso de que exista una lógica y una razón para escribirlo. He escrito este, desde el terreno del conocimiento. A él puedo acceder a través de mi canal espiritual, sincronizando mi mente y mi espíritu con mi Guía Espiritual. Mediante el alcance natural y preciso de una comunicación dotada de conocimiento universal; del que dispongo, con la intención de darlo. Una experiencia viva en el amor, que requiere una rigurosa atención por mi parte, ya que he de llevar la irradiación de mi alma, a la vez que la del Universo, a mi mente consciente, con los sentidos abiertos a un nivel de evolución superior al habitual.

Ni yo misma podría dar la importancia que doy a lo que digo, si no fuera porque puedo avalar mis palabras con el peso de mis vivencias; suficientemente sólidas como para poder corroborar con ellas la trascendencia de su contenido.

Nosotros, los seres humanos, somos el escudo y la espada del ser que nos viene matando, sin que le demos la importancia que tiene.

Es esta una obra que habla, por sí sola, de la

significación de cada argumento que en ella cito. La he escrito motivada, únicamente, por la fuerza del amor que palpita en mí, incluso con desazón, por el destino que pueda tener nuestro planeta y todas las criaturas que vivimos en él, si no somos capaces de enmendar nuestro comportamiento y de respetarlo más.

Va dirigida a toda la humanidad en general. Y de manera singular a quienes les sobra entendimiento para saber que tienen el poder y la responsabilidad sobre todo aquello que más nos afecta, manipulado por el hombre, y que se puede mejorar. A todos me dirijo para que, si lo creen conveniente, recojan de estas páginas lo que consideren de su interés, y dialoguemos sobre ellas, para aclarar cualquier cuestión que nos incumba.

Hablo de la fe que guardo hacia los valores que representan las esencias del contenido de la vida; fundamentales para que, por mediación de ellos, a la materia viva le fuera posible desarrollarse hasta adoptar formas muy diversas. Esto, como consecuencia del gran esfuerzo que tuvo que hacer la primera molécula viva, capaz de definirse a sí misma con inteligencia; imprescindible para realizarse a base de su propia experiencia, que solo podría darse autoestimulándose voluntariamente.

Esta obra está enfocada a despertar, en quien la conozca, lo más positivo de sus sentidos, con el propósito de que mueva las aguas mansas de cuanto piense, y vacíe sus vertidos, si los tiene, en el lugar que considere apropiado. Para ver si, de una vez para siempre, salimos a flote de la mezquindad que vivimos, en un Planeta, como es la Tierra; donde, habiendo tanto bueno como hay, se pasa tan mal.

Es probable que mientras lees este libro, te sientas confrontado con todo, o con parte de su contenido. Si es así, es porque, en el fondo de tu ser, se te remueve la gran razón que tuviste para nacer, aunque no la recuerdes.

Quien más y quien menos hoy vive, por alguna causa, afectado por la corrosión que el Mal ha ocasionado desde que se originó, tras rebelarse contra el Bien, antes de que tan siquiera existiera la Tierra, ni ningún otro planeta. Aún puedo recordar algo de lo que entonces sentí, como una parte más del conjunto del Todo. De ello cuelgo el espejo trasparente de la luz que proviene de la vida en mi alma, para aportar algunas referencias de utilidad, y alentar con ellas el conocimiento sobre tu propia existencia.

A veces, discurrimos en lo que no reconocemos como revelaciones del subconsciente de nuestro espíritu. En él se guarda el contenido de nuestras vivencias, desde el comienzo de nuestra vida, sin que se pueda decir cuándo empezó. Podemos creer que son solo producto de nuestra mente; un error con todas sus consecuencias, ya que de todo existe la fuente, por muy oculta que esta esté.

Si llegas a leer esta obra, no te dejará indiferente.

En ella hallarás los más diversos motivos para potenciar tu suerte en todos los aspectos.

Es crucial que, cada cual, sepa elegir el que debe ser el camino de su vida, y se esmere para caminar por él. No existen dos caminos iguales; todo el mundo tiene el suyo propio. Se puede caminar paralelamente a otros, siempre que no se entorpezca a nadie. Si todos nos respetamos, podemos ayudarnos, y nos resultará más enriquecedor, fácil y ameno hacer cada uno su sendero, desde cualquier punto de partida. Para que sea así, no deberá mezclarse en él, la maleza de ninguna semilla inmunda, pues pudriría al resto, debido a que se contaminaría en el momento en el que se confiara en ella. Por eso ahora es tan complejo distinguir el Bien del Mal, al estar todo mezclado.

A medida que voy ampliando mi conocimiento sobre el ser humano, aumenta mi necesidad de saber más de él, ya que me facilita el modo de experimentar un crecimiento personal que me ayuda a sentirme mejor: Feliz y libre conmigo misma y con los demás.

Desde que comencé a experimentar avances en mi modo de pensar, he conseguido liberarme de lo que me producía un daño que no sabía ver. Ha sido muy importante para mí desvincularme de algunas influencias ajenas, que únicamente me servían para mortificarme.

Agarrados al lienzo de las debilidades humanas, esperando el cambio de los demás para sentirnos mejor, solo se consigue que aumenten los despliegues de las anomalías en contra de todo lo bueno que existe.

Es fundamental comprender que somos nosotros los que tenemos que cambiar y ejercer nuestro poder humano con el mayor rigor posible, siempre a favor de la vida; único modo de poder sentirla con la fuerza necesaria para apartar las malas sombras de nuestros caminos.

Mi experiencia con este libro me ha ayudado a combatir mejor mis propias desavenencias humanas con todo aquello que nos pertenece y, a la vez, nos descoloca de nuestro sitio y de nuestro signo humano desde el primer amanecer de nuestras vidas. Aparentemente todo está en su sitio. Sin embargo, no corresponde a la realidad; deambulamos frescos y turbios, a la vez; semejantes a las nubes más densas de las tormentas de verano. Lo cierto es que somos parte de ellas.

Como novicias, aprendemos a ver cavar nuestras tumbas, sin tan siquiera haber vivido ni una mínima parte de lo que nos corresponde vivir. Estamos desentonados y nos hemos salido del vientre de la luz. Infieles a nosotros mismos, nos cuadramos, con conocimiento de causa o sin él, delante de la fuerza oculta de un Satanás sin límites en su intención maligna hacia nosotros. Necesitamos saber que, por ello mismo, andamos desviados y revueltos en lo más profundo de nuestro ser.

Nos encontramos al borde del colapso humano, desprovistos de la sabiduría que precisamos para abrir las puertas del Bien y cerrar las del Mal. No tenemos una visión diáfana sobre la importancia de que conozcamos en qué se basa la razón de nuestra existencia.

No más tarde ni más lejos, tendremos que ir reconociendo que la ciencia de nuestra fe huele a putrefacto. Y que, de no limpiarla y elevarla por nuestra cuenta a la moral digna, nos perforará el alma con los dones de la esperanza que nos corresponde sentir; con la intención de que reaccionemos y echemos el pie derecho hacia la salida de la trama de las fuerzas ocultas que arrastran a los abismos.

Ningún Satanás vestirá de luto a Dios, por mucho que oscurezca el destino del hombre, ni se hará dueño de su Legado. Cuando menos lo espere, se retorcerá en su propia maldad, si no acude a la llamada de su conciencia, la que ya está sintiendo, y rejuvenece con el fulgor de la vida que lo espera en la misma línea que dejó atrás, cuando se convirtió al Mal.

A menos de un paso, se calienta el Sol para quitarnos el frío de nuestra alma. Quien permita que entre en la suya, será un acto libre; empezará un nuevo proceso de vida con el mejor pie.

Con los pétalos de las más fragantes rosas reunidas, al reclamo de un mundo mejor, suelto las hojas de este libro. En estas, clarifico cuestiones de máxima importancia para nuestra vida, de la que, apenas, se conoce lo esencial de la misma; un simposio de verdades demostrables del modo que corresponde. Nos ayudará a cortarle el pelo al Diablo, para verle la cara, que tanto oculta, y que cada cual, opte por su camino. De seguir su influencia, este planeta empeorará gravemente, y pocos sabrán cómo hacer frente a la situación que se nos viene encima.

El estado de enajenación que, en líneas generales, nos espera, está llamando a nuestra puerta. Nos corresponde cerrarla con todas nuestras fuerzas y abrirla por las orillas de la vida, con nuevas metas de supervivencia para librarnos de él.

Cuando el frío de nuestra alma se intensifique y el Sol nos quiera dar calor, tendremos que estar preparados para tomar una decisión sin precedentes: Abrirnos al poder de la vida o cerrarnos a él; en un momento crucial en el que el Bien se separa definitivamente del Mal, con un destino diferente. Tras haber sufrido las osadas y terribles embestidas del Maligno, sin ningún reparo y sin intención de cambiar, ha llegado el momento en el que no tiene sentido que las fuerzas del Bien sigan sufriendo por querer ayudar a mejorar a quienes se resisten a cualquier signo de bondad.

El Reloj del Tiempo, previsto para el cambio que el mundo necesita dar, se ha parado. Cada cual recibirá el trozo que le corresponda de la tarta que, con Dios o con el Diablo haya confitado. Sin embargo, todavía tenemos tiempo, ajustado a nuestra propia necesidad, para, sin perderlo, tomar nuevas iniciativas que nos ayuden a ser libres.

En el alma de esta obra, entre tus sueños y mis realidades, mil mariposas vuelan, abiertas a todo un manantial de datos que interesan a la humanidad.

Yo ya he encendido la luz que atravesará el umbral de la conciencia humana. Nuestros pies resbalarán o se sujetarán con los versos de amor que se compondrán solos.

El amor puede ser verde, azul, dorado... No importa su color, sino lo que con él se siente.

Carmen Jiménez

Introducción

Nada de cuanto se justifica en la Tierra, sobre el mundo y su contenido, puede ser absolutamente real, por desconocimiento o porque se omiten, de manera más o menos arbitraria, las referencias precisas de los datos exactos que garantizan su rotunda veracidad; siempre falta algo por saber respecto a todo.

Un melómano puede justificar su comprensión y deleite por la música mediante su capacidad para poder sentir amor por ella. Pero, a nadie le es factible decir con justificación que conoce lo que no siente ni ama, puesto que carece del sentimiento que da lugar a poder palpar cualquier verdad.

Se tiene información sobre aquello que, por un motivo u otro, se ha deducido que corresponde a la razón de lo que algunas personas han dado por determinado. Tal vez, sin comprender que lo que estas han definido ha sido solo el resultado del producto de sus mentes; en demasiadas ocasiones, alentadas por un alma aturdida o corrupta, incapaz de tolerar cualquier posibilidad divina; no pocos seres humanos se niegan a reconocer al espíritu como la parte más significativa de las criaturas. Se escudan en algún motivo, como parte atenuante de su propia falta de interés por conocerse a sí mismos.

Cualquier pensamiento abierto a lo realizable, dentro de lo absoluto e indefinido, nace del entendimiento entre las criaturas que ocupan los espacios de las distintas dimensiones infinitas del universo. Sin tener que definir lo inconcreto, puesto que no se conoce.

Sembrar por sembrar, sin tener en cuenta el terreno en el que se siembra, nos puede llevar a desperdiciar la simiente, por no haber previsto, antes, los recursos de la tierra para corresponder al sembrado.

Un ser inteligente abreviará su pasado e irá creciendo, abierto a lo posible, sin limitarse en lo ilimitado. Mientras que, el que se niega a lo ilimitado vive de su pasado, alentado por sus límites.

No reniego de nada. Espero poder sentirme cada día mejor. Vivir lo que me corresponde, en armonía con lo que percibo, pienso y deseo. No puedo autocensurarme por amar a mi prójimo. Ni por creer que, prácticamente nada de cuanto se está haciendo desde los poderes que dirigen el mundo favorece al cuerpo, a la mente o al espíritu del ser humano. Deseo que en la Tierra se pueda permanecer bajo la influencia de Dios para darle el amor que necesita, con el propósito de que podamos vivir en ella sin las atrocidades que se padecen por no haber aprendido lo suficiente. Necesitamos sentir, pensar y desear creer en algo más, que nos permita comprender mejor sobre ese Todo, sin limitarnos tanto.

Advierto el efecto que me causa cuanto digo, con un hilo de voz rota, por si no soy comprendida. Mas no deseo advertirlo porque me condiciona, poniendo límite a lo que conozco. Por ello, creo en ti y en mí.

Nada de cuanto pienso o siento me pertenece del todo, ya que no es solo mío. Corresponde igualmente a las oportunidades dadas para nutrir nuestra existencia con lo que seamos capaces de palpar y asumir sobre la vida para que se den sus efectos. Será lo que nos irá proporcionando el argumento capaz de estimular los sentidos que abren nuestras capacidades, más o menos desarrolladas, a cualquier dato universal; según sean las influencias recibidas a lo largo de nuestra existencia.

Muchos son los pensamientos que han abierto o cerrado caminos, y las historias escritas de algunos hombres. Ante esto, he de detenerme para abrir el mío a mi propia idoneidad, con la intención de plasmar exclusivamente lo que me permita sentir la realidad de lo que escribo. ¿Cómo diferenciar la verdad de la mentira de cualquier historia, ni expresar nada sobre otro pensamiento que no sea el personal, si se desconocen las razones de cualquier otro? En todo caso, decir que lo respeto y que, quien lo tuvo, fue valiente al expresarlo, rompiendo el silencio existente entre los seres humanos.

El conocimiento sobre los signos esenciales de la vida, brinda la oportunidad de avanzar hacia un destino. Permite que cualquier ser pueda establecerse en los vínculos que sentencian cuanto va a vivir. Estos, pertenecen a fuerzas concretas que irán proyectando sus capacidades y añoranzas sobre otras; a las que moverán, para que vayan haciendo según sean sus deseos y proyecciones.

Fuerzas Vivas

El eco da lugar a que se escuche el mismo sonido repetido, de manera consecutiva, con un mínimo retardo entre ellos; aunque requiere de unas condiciones acústicas especiales para percibirlo de este modo. El eco siempre se produce. No obstante, por lo general, el sonido que emitimos, vuelve a nuestro oído después de recorrer poca distancia y de manera tan rápida, que se integra en el propio sonido inicial, sin que nos demos cuenta de ello.

Cuando, como fuerzas vivas, actuamos a favor o en contra de otras, primero, sentimos la necesidad de que nuestra voluntad se cumpla y les alcance. Seguidamente, como sucede con el eco, la energía proyectada hacia otras, se revierte sobre nosotros mismos, aunque la mayoría de las veces no lo captamos de forma consciente, salvo circunstancias especiales.

La fuerza es energía acumulada en puntos vitales en los que puede desencadenar reacciones. Para que estas puedan darse, es preciso que donde la energía esté concentrada, se disponga de la misma fuerza para liberarla. Ninguna fuerza carece de vida, ni la vida se sustenta sin la energía.

Las fuerzas las componemos y las desarrollamos el conjunto de seres de todos los tiempos. El amor descarga su energía sobre nosotros, a través de su luz espiritual. Dependiendo de cómo las usemos, se convertirán en fuerzas positivas o negativas, buenas o malas, con todas sus repercusiones, tanto para nosotros mismos como para los demás.

Nos sentimos ansiosos, sin pararnos a pensar, con el debido interés, en la verdadera razón por la que nos estamos dejando la piel en el camino; sin, apenas, aprender a vivir con un esmero que nos haga sentir bien. Es increíble que sea el propio ser humano el que provoque tanto sufrimiento y tan poco apego a la vida. De cada rasgo nuestro que nos separa de ella, surge un brote de miseria de diversas consideraciones.

Llevamos ya muchos caminos recorridos, sembrando en ellos la mala hierba. Ahora necesitamos tener la máxima prudencia. Y cortar los vuelos de Satanás, quien representa al conjunto de las fuerzas malignas, con la destreza de una maniobra humana que detenga el paso, frenético, que llevamos hacia un desconsolador e inexplicable suicidio. Estamos a las puertas de ir perdiendo la cabeza. No somos conscientes de que nuestro egoísmo nos viene atrapando en un devaneo humano, que nos está colapsando, enfrentados unos con otros. Si no reaccionamos, seremos nosotros mismos los que acabaremos con la suerte del mundo, puesto que la estamos destrozando.

No quiero parecerme a un parásito envenenado, a fuerza de retraerme en mi ser humano, atacada por un sin fin de dardos contaminados por quienes los lanzan contra todo el planeta, sin la menor compasión. Si todos ponemos de nuestra parte, nuestro futuro cambiará. Y con el paso del tiempo, seremos los mismos, pero bien avenidos y resueltos de nuestra propia traición.

El cerebro percibe del espíritu la fuerza milagrosa, de la que se sirve para ser el órgano vital de la conciencia. Debemos aprovechar nuestro tiempo con él; nos viene advirtiendo que, está dispuesto para revelarnos lo que precisamos saber del mismo. Es el canal de aviso de nuestro pensamiento. No tendríamos que seguir huyendo de nuestra conciencia por falta de responsabilidad. De continuar haciéndolo, es obvio que acabaremos perdiéndola. Y, como es lógico, perderemos también la razón de nuestro cerebro, execrados por nosotros mismos.

Todo ser vivo capaz de controlar su mente, controla igualmente su conciencia. Se pueden dar, al mismo tiempo, fugas, más o menos remotas, de nuestro subconsciente; normalmente, producidas por la memoria eterna de nuestra conciencia de todo cuanto hemos vivido, en los diversos ciclos universales que hemos ido cumpliendo.

La bondad y la maldad de cualquier ser humano entregan su obra; en las manos de Dios, en el caso de la bondad, o en las del Diablo, en el de la maldad. ¿Pero qué pasa con quienes se descalzan en los caminos entre ambas fuerzas opuestas y se caen de los andamios de sus propias voluntades? Son los que más sufren, los que no acaban de ver la luz del día ni la oscuridad de la noche, y se envuelven, tétricos y ofuscados, en el rastrojo de sus dudas; normalmente, afiladas con el poder de la desazón. El remedio para nuestros problemas, vibra en la sombra de nuestros abismos, esperando a que seamos capaces de descubrir que nada está por encima de nosotros, sino nosotros mismos.

Es este un asunto de máxima importancia, ya que somos el blanco de nuestra propia mirada. Con el desaliento añadido, por presumir más de la cuenta, y por no ganar ningún terreno que nos ampare y nos libre de toda esa maldad que está acabando con nuestro ser.

Cada cual vive su propia historia. Las que más se nombran son las que derriban la propiedad que nos da el derecho a la vida, sin tener que mostrarnos ante ella como vencedores o como vencidos.

Es hora de que dejemos de inventar relatos banales y que remontemos en los principios de los grandes valores para ser todos mejores y vivir en paz. Nada tan inteligente como ser razonable, sin que ninguna puerta que se cierre de mala manera nos pille los dedos.

La Tierra es ovalada. Por tener esta forma y capacidad de traslación y rotación, carece de ángulos ocultos que impidan captar de ella su verdadera posición frente al Sol. Su rasgo físico se asemeja al de la vida, con la lógica de que lo abarca todo.

Los signos de la vida los producimos los seres vivos, así como la propia Tierra; de la que es posible conocer hacia donde gira, si hacia el Bien o hacia el Mal, como el resto de las fuerzas que vivimos en esta.

Desprendemos las energías que culminan despejando o contaminando, con sus corrientes, hasta lo más remoto de nuestro planeta. Sucede a través de la expansión espiritual que todos realizamos, produciendo efectos beneficiosos o perjudiciales, según nos estemos realizando como fuerzas del Bien o del Mal.

Los últimos tiempos, a pesar de estar acontecidos por muchos infortunios, corren a nuestro favor. Como prueba del amor de Dios por nosotros, está ejecutando una acción especial, con la finalidad de que el Cuerpo de la Tierra, con todo lo que contiene, realice la vuelta hacia el lado al que corresponde la vida, y siga caminando hacia la misma. No hay otro modo de vivirla como es debido, en todos sus campos, si no es abriéndonos con amor a ella. Si además, lo hacemos con conocimiento de causa, el timbre de nuestra voz sonará a gloria.

Las agujas del reloj se mueven en sentido opuesto al del avance del lado bueno de la vida. Están programadas, con intención o sin ella, para que cuenten las horas al revés del símbolo que indica la suerte para nosotros. Es nefasto que nuestras horas trascurran hacia el lado contrario al que la vida indica. Con ello, se le dan vuelos a las fuerzas del Mal y se le quitan a las del Bien. Una forma más, desconocida u oculta, de potenciar los bríos del Mal.

Somos como piezas alcanzadas por el cazador insidioso, al grito ahogado de la sinrazón de que todo esté atrapado por el mismo.

En su proceso de cambio, la Tierra, ayudada por las fuerzas del Bien, está acusando el mayor esfuerzo que haya hecho nunca jamás por salvar de la destrucción a todos los seres que viven en ella. Los está obligando a que tomen la dirección correcta hacia la vida, en vez de la contraria, como vienen haciendo.

El pulso del mundo ya está cogido. Ahora falta que a los seres humanos les baje la fiebre y recuerden que son parte de la vida y que no deben destruirla por ningún motivo; será del único modo que podrán mirarse a la cara.

La sabiduría del Bien

Si alguien se extravía por una selva, conociendo los peligros de esta, lo normal es que tenga miedo y que su organismo se prepare para reaccionar ante los mismos. En cambio, si esto le ocurre a quien carece del conocimiento que le da el entendimiento sobre lo que le pueda pasar, no podrá prever el riesgo y no tendrá miedo. Mas, el peligro es el mismo en ambos casos. Es a través del conocimiento como se pueden prevenir y evitar los males y sus repercusiones.

Cuando el conocimiento ha sido trasmitido mediante algún sistema creado para orientar al individuo hacia un destino, se está recurriendo a datos adquiridos; dando lugar a que otra persona pueda aprenderlos a favor de su orientación, en su vínculo con lo necesario, con el objetivo de poder cumplir una misión social, hábil para unos resultados. De todo ello, ha de percatarse la conciencia, con el fin de que, por mediación de ella, surja el estímulo que intervendrá como fuerza activa entre esta y los sentidos a favor del individuo.

El ser humano necesita realizarse para sentir el bien que puede dar y recibir. Nadie, sin estar realizado, conseguirá gozar de la armonía para entrar en el templo de la felicidad. Sin ella, es imposible experimentar la sensibilidad y la paz que nos permiten abrirnos a otros planos universales; capaces de correspondernos con la misma armonía y paz, a la vez que de orientarnos hacia nuevas experiencias más sutiles que las ya experimentadas.

Poder sentir nuestro espíritu libre, fuera de lo cotidiano, alentado por deseos que van más allá de lo meramente mundano, ofrece la oportunidad de acceder a metas más trascendentales. Así como a disfrutar de un estado de ánimo elevado por esa misma trascendencia asumida, para que, de este modo, puedan darse los efectos deseados desde nuestro espíritu; en el que radica la máxima capacidad de todo ser vivo.

Los humanos, a veces, presentamos deficiencias, que afectan a parte de nuestro ser y que nos dificultan poder desarrollar nuestras capacidades naturales con normalidad. Cuando esto sucede, se activan una serie de alertas que nos ponen en contacto con los resortes que fluyen de nuestro interior, en concordancia con la vida y sus estímulos. Mejorando así, las respuestas dadas a aquellas adversidades que nos aparecen. Ello ocurre porque los recursos de la vida son infinitos, y solo tenemos que tirar de estos para que nos correspondan.

La materia orgánica muestra su aspecto dócil al poder de los factores que le repercuten. Y es en el orden que se establece entre el espíritu, la mente y el cuerpo como se citan las probabilidades de todo cuanto nos pasa.

Nuestro cuerpo se dispone y reacciona a los impulsos de nuestro espíritu y nuestra mente, sin reparos que los frenen. Como si de un motor se tratara, se calienta y arranca, a través de ellos. Comienza así, un desencadenamiento de posibilidades, a las que hará frente, sin cuestionamientos que valgan. De ahí que sea crucial que sepamos advertirnos a nosotros mismos de las capacidades que tenemos para progresar hacia el Bien, en el sentido más amplio de la palabra. Dejarnos llevar por la inercia que provoca el desaliento supone nuestro quebrantamiento con el poder de la vida.

Cuando alguien se siente privado de la funcionalidad de una parte de su cuerpo, lo normal es que, en sustitución de la misma, active los recursos que le permitan resolver de la mejor manera posible su problema. De este modo, pondrá en marcha su idoneidad recurrente, y desempeñará otros ejercicios espirituales, mentales y físicos con los que irá aumentando el procedimiento de sus propias cualidades. Y está bien que sea así. Sin embargo, no debe impedirnos ver que, si algo falla en nuestro ser es porque, por alguna causa, hemos sufrido un revés que nos ha sentenciado con el impedimento del desarrollo natural de aquella parte de este que presente su carencia, en función de su propia dificultad.

Lo verdaderamente interesante es aprender a vivir con nuestras capacidades, a la vez que a quedarnos con lo bueno de nosotros mismos, y abonar nuestros terrenos con mucho amor, para que no puedan robarnos el calor que necesitamos para vivir.

Somos seres influyentes e influenciables. No siempre conscientes del potencial que tenemos, para bien o para mal, sobre todo lo que movemos.

El reflejo más claro de nuestra condición humana, la llevamos en los ojos; el espejo de nuestra alma. Aunque, en estos tiempos tan revueltos, no siempre se ve con la transparencia precisa para distinguirla.

Todo está bajo una necia alteración, con tendencia a una extraña locura que no deja ver su huella como realmente es; protegida por una inmensa y grotesca sombra que esconde en ella la maldad de su reseña: Quiere acabar con el hombre de la Tierra doblegando al mundo, como si fuera un pañuelo, y crecer hasta cubrirlo todo. Las baterías de este plan están cargadas. Pero con su obra; no con la de Dios. Ahora falta que Él responda, y ver lo que sucede con la sombra.

Pocas personas son capaces de interiorizar en su estado de ánimo y concluir, objetivamente, sobre el mismo, con la claridad suficiente como para comprenderse a sí mismas. Ello es debido a que son pocas las que están orientadas espiritualmente al conocimiento de su propio ser para poder decir de él lo que gozan, sufren o sienten.

El cerrojo invisible que venimos echando a nuestra capacidad humana nos está pidiendo, a gritos, que hagamos nuevos cálculos sobre él y no lo utilicemos de cualquier manera.

El denominador común de un ejercicio matemático concluye con la aplicación de una regla o una fórmula. Mientras que, los seres humanos someten sus capacidades a múltiples alteraciones que van más allá de lo que cualquiera puede prever. Se nos dificultan, por ello, las expectativas individuales y colectivas a un mejor entendimiento entre nosotros, sobre todo lo que nos afecta, y que, en general, lo ignoramos, a la vez que lo padecemos; sin otro motivo que el que nos quieran dar, al margen de una comunicación clara, indispensable para el buen razonamiento.

Si por sabiduría entendemos conocer lo que ya se ha expresado a través de los tiempos, es porque desconocemos lo que podríamos aprender, si llegáramos a saber de los valores que nosotros mismos nos hemos negado. Sin tener que limitarnos ni despreciar las cualidades de nadie, puesto que, nadie, somos todos.

Avanzar en la sabiduría, sin escuelas que te enseñen cómo hacerlo, es algo que no exige horario, ni otros sistemas formales. Es poco frecuente que alguien pueda examinar y evaluar con certeza el avance de un espíritu ajeno. No obstante, afirmo que es viable. Para ello, es necesario estar preparado desde las blondas más amplias y profundas del alcance humano, puesto al servicio de Dios y del hombre.

Sentir la vida

Si el árbol echa hojas, es porque está dotado por la Naturaleza Universal para ello. Ningún ser de la Tierra podría hacer que un árbol creciera con sus propiedades, sin valerse de la fuerza natural que mana del Universo a favor de la vida. Es a partir de esta fuerza y de su energía cuando aparece la única posibilidad de la misma.

Sentir la vida significa palpar su plenitud como consecuencia de valorarla para poder sentirla.

El hombre es un ser pleno de facultades naturales, despreciadas a lo largo de su historia por otras de menos importancia, que han ido reduciendo a las genuinas a base de infravalorarlas. Lo que ha dado lugar a una pérdida progresiva de los valores, necesarios para ser sensible a cuanto precisamos, si queremos alcanzar la plenitud de vida.

Cuando un animal emite un sonido se debe a que siente la necesidad de hacerlo, alentado por una fuerza capaz de ejercer sobre él, el impulso preciso, solo con dejarse llevar por ella. La misma fuerza, concentrada en un ser humano, podrá ser utilizada de otra manera, ya que tiene la facultad de decidir cómo hacerlo, salvo que no haya logrado un mínimo de autocontrol, por cualquier causa.

La gracia de haber nacido no indica que se esté en gracia ni en camino de estarlo, pero sí con la oportunidad de conseguirlo.

La gracia por la que se ha nacido no puede corresponder solamente a la criatura alumbrada. Por sí sola, no habría logrado ni siquiera el deseo de nacer, al faltarle la fuerza que tuvo que incidir en la suya para conseguir ser una criatura como producto de la vida.

Cuando una simiente comienza a reproducirse se inicia, con ello, el misterio de la vida, más allá de la propia siembra y del medio que la recibe.

Muchas personas creen que la vida es únicamente lo que viven aquí, en la Tierra, diferenciándola de la muerte. Sin embargo, eso solo es un concepto sustentado en la diferencia explicada. La auténtica definición de la vida es mucho más, entendida desde los más abiertos niveles universales.

La persona que desee saber lo que es la vida, ya está viviendo un ejemplo de ella. Mas, para deducirla con mayor precisión, se requiere que la transparencia de un alma pura ejerza su poder sobre cualquier circunstancia, para dar a conocer los ejemplos que pueden definirla.

Ninguna palabra hablada o escrita ha sido suficiente para revelar toda la importancia de lo que es la vida. Antes que esta, no hay nada, excepto el milagro de la misma. Es la consecuencia que produjo el propio hecho de nacer, mediante la gracia nacida de la misma consecuencia. El hombre y cualquier otro ser vivo, forman parte de la vida. No obstante, solo son una expresión de la misma. La parte física de todo ser vivo indica que, dentro de su cuerpo, existe la fuerza interior que se la da. La conclusión sería: La vida no parte del cuerpo físico, sino del espíritu que ejerce su poder sobre ese cuerpo.

El valor del alma de los seres vivos es el fruto reconocido por la propia Naturaleza, de la que cualquier espíritu recoge las esencias que le interesa, y se vale de ellas para mantenerse vivo.

La vida no es algo que se pueda definir de una sola manera. De ella se deriva todo lo que es capaz de sentir y producir sentimientos. Para conceptuarla, es necesario palpar y experimentar el milagro que le dio su espíritu para ejercer su poder. La vida es cuanto, por sí solo, puede desempeñar su fuerza sobre su propia reacción como continuidad de la misma.

Quien desea morir como espíritu, no puede sentir la fuerza de la vida, porque, con ese deseo, pierde la gracia de haber nacido. Cualquier valor que tenga que ver con la vida, recoge, de esta, la parte que le corresponde; ni más ni menos proporción que la que es capaz de asimilar. La esencia de los frutos no puede mezclarse con la de otros, sino identificarse con el árbol al que pertenecen.

Nada de cuanto el ser humano, o cualquier otro ser desprecia, puede corresponderle, puesto que no lo reconoce. Por eso, cuando la vida se desestima, se pierde su valor. Y para recuperarlo, es necesario retomar los valores perdidos a través de las corrientes más claras, que nos permitan comprender lo que se ha de hacer.

Cada criatura ocupa un espacio universal en su propio empeño por ocuparlo, al sentir la necesidad de establecerse en algún sitio para poder realizarse, al margen de si es feliz o no.

La partitura de música es el resultado de un trabajo voluntario y de una inspiración involuntaria influenciada por el ánimo universal. Es capaz de ofrecer la virtud de despertar, en determinadas personas, la sensibilidad que se precisa para estimular sus sentidos. Y, por mediación de ellos, conectar con otras alternativas fuera de lo mundano.

Sentir la razón por la que se vive, permite comprender lo más importante de nuestra existencia. Sentirla, intensa de opciones, es abrirse a la plenitud.

Cuando las fuerzas se usan mal, no solo se están malgastando, sino que actúan en contra nuestra. El desconocimiento de cómo aprovecharlas, repercute en la estabilidad de todo el Universo. Para aprender a utilizarlas bien, a favor de la vida, primero, hay que sentir querer hacerlo. Y luego, ejercitarse con el mejor pensamiento, partiendo del deseo.

Sentir y desempeñar la fuerza positiva del deseo no siempre es fácil, debido a que se mezclan otras negativas que lo dificultan e impiden sentirla con profusión. Pero, con luz, se pueden andar todos los caminos.

La esperanza es la fuerza vital que da sentido a la vida del hombre cuando este carece de todo cuanto desea. Sin ella, se dificultarían las capacidades de todas las criaturas que pueden sentirla. Sin su fuerza, se produce el desaliento que da lugar al vacío, a la rotura del deseo y a la incapacidad de poder sentirlo; porque se niega.

El amor:
Fuente y fruto de la Vida

El amor es el medio que el ser humano necesita para poder escalar a la ventura de Dios. Sin él no puede justificarse el hecho de haber nacido, ya que es la fuente y el fruto de la vida.

Para establecer cualquier razonamiento sobre el amor, previamente, es necesario reconocer la vida y asimilar su valor; sin este reconocimiento no sería posible comprenderlo.

El hombre nace empujado por su propia necesidad de ir lográndose a través de sus hechos. Cuando nace, asume su nacimiento contemplando el motivo que tuvo para volver a nacer, apoyado en el valor de la necesidad que tiene de lograrse, al sentirse insatisfecho, aunque no sepa el porqué.

Todo cuanto el ser humano hace es producto de su propio entendimiento; fuera de él, no podría darse ningún proceso original del mismo. De ahí, que sea tan importante que cada uno actúe sintiendo lo que hace como su propia verdad, puesto que lo es. Como consecuencia de ella, obtendrá los resultados que provoque.

Las ayudas que en la Tierra pueden darse entre los hombres, perecerán con su fallecimiento físico. En cambio, de ellas quedará el espíritu de las intenciones tenidas al darlas. Cada uno asumirá el extracto de las suyas; lo que repercutirá en su alma para bien o para mal, según las reconozca.

Nadie, fuera de sí mismo, podría considerar el valor de su espíritu, pero sí cuanto ha vivido; siempre se refleja en su conciencia. En ella se fijan los hechos del ser humano; recoge su voluntad absoluta. Cualquier contraste entre la moral y la voluntad del individuo se imprime en el subconsciente a la misma velocidad que va dándose.

Cada vez que el ser humano desarrolla pensamientos significativos, está moviendo su conciencia, de la que obtendrá el resultado de su valor. Cuanto hace, primero, ha sido recogido gracias a ella, como medio regulador de todos los efectos causados por su propia interpretación sobre cualquier valor significante.

Los valores que definen al ser humano son los mismos que definen al Universo. Están estrechamente vinculados en lo esencial: Unirse en el infinito y protegerse, mutuamente, con la finalidad de que podamos disfrutarlo todo. Por ello, todo cuanto sucede, causa un efecto de enorme repercusión mutua, que servirá para la propia evolución del individuo. Simultáneamente, influirá en los valores que, así mismo, repercuten en el Universo, porque este siente y sufre el proceso del ser humano con todas sus consecuencias, en todas sus facultades. Entre ambos se da una sincronización perfecta, por encima de sus voluntades.

Decidir con lucidez lo que se ha de hacer, en cada momento de la vida, debería ser lo más importante a lo que aspirara el hombre. De este modo, lograría sentirse en paz consigo mismo; la razón sería la deseada.

Quien ignore lo más relevante de su propio ser no podrá conceptuarse correctamente. Para poder hacerlo, deberá conocerse a sí mismo; saber quién es y dar importancia a lo que deduzca, apreciando su valor.

Cuando una puerta se abre, después de haber sido cerrada, es debido a que así se ha tenido en cuenta por la voluntad de alguien, para ser abierta. Lo mismo le habrá ocurrido a quien, antes, discurrió en cerrarla. Pero la cuestión no es abrir o cerrar una puerta, sino resaltar que: Todos tenemos marcado nuestro deseo por mediación del flujo de nuestro estado de ánimo, con consideración o sin ella sobre lo que añoramos.

En todas las criaturas se dieron las esencias necesarias para ser vida y dar de ella. Mas, la vida fue dada antes que estas; fue concebida por la conciencia divina, después de surgir el milagro, previo a la vida misma.

Cualquier experiencia pasada nos ha dado la oportunidad de haberla vivido. Hacer de ella conciencia depende de nuestra voluntad, al poder valorarla, o no reconocerla, para, de esta forma, olvidarla. Sin embargo, no será borrada; nuestra inteligencia la habrá reconocido, al margen de nuestra intención.

Poder sentir la importancia de los valores da la posibilidad de traspasar las superficialidades para escalar en lo más elevado de cada uno de ellos, reconociendo su trascendencia y, así, poder disfrutarlos.

A medida que el ser humano alcanza su madurez, va asumiendo o despreciando cuanto va conociendo, sin que ello signifique que lo haga con pleno conocimiento, respecto del verdadero valor de lo que asume o desprecia.

Cualquier valor reconocido adquiere su auténtica fuerza, repercutiendo en quien lo aprecia. Es necesario saber de su alcance para que nos permita distinguirlo y, después, reconocerlo, con la finalidad de aprovechar bien el poder que tiene. Si no se reconoce, es como si no existiera.

El significado de algo indica lo que se ha percibido como un valor concreto. A su vez, cualquier valor tiene un significado. Llegar a comprenderlo, es haber logrado la conciencia precisa para entender lo que es.

La conciencia es el carácter activo del espíritu. A

través de ella, el ser humano puede reconocerse a sí mismo. Es la parte reveladora de los sentimientos, capaz de valorarlos y de distinguir cualquier matiz que desprendan, con independencia de que no siempre sea acompañada de la voluntad del ser, a nivel mental.

Cuando dos personas entablan una conversación están recurriendo a sus aptitudes para hacerlo mediante las facultades de su intelecto, capaz de asimilar el orden necesario para hilar su contenido. Nadie, desprovisto de este, podría mantener una conversación, ya que no le sería factible establecer la disciplina en el argumento de la misma. El hecho de que dos personas puedan dialogar indica que ambas son inteligentes, aunque no hayan adquirido la madurez en su intelecto; no toda conversación es inteligente.

Para nutrirse de los valores esenciales de la vida es imprescindible permanecer alerta a sus significados y estar, previamente, vinculado al deseo de vivir dentro de las verdades, asumiendo cualquier reto que entrañen.

Para poder captar un sentimiento es preciso saber escucharse, a la vez que tener en cuenta lo que se siente. Es en el sentimiento donde se concentran las verdaderas capacidades del ser humano, independientemente de lo que piensa.

Sentir te lleva a gozar o padecer de los sentimientos. Exclusivamente por mediación de ellos, se recogen los resultados de cuanto se vive y se expresa, respondiendo como medio natural del alma para registrar sus cualidades. Pero, para que estos sentimientos puedan registrarse con toda su plenitud, resulta inevitable percibir el valor de los mismos, como fuerza principal de los valores. No todo cuanto se vive, se asienta en el espíritu con sensatez y de forma intencionada, sino que, con frecuencia, sucede fuera de los valores morales, propiciando sufrimiento.

Para poder desarrollar los sentidos espirituales hay que forzar el pensamiento hacia la causa buscada, sin perder la lógica de lo sentido, que es lo que le da importancia al valor.

Todo valor experimentado hace comprensible cualquier razón. La razón es el motivo de la importancia del sentimiento. El amor, la cumbre de la razón. Sin amor nada tiene vida, al carecer de la esencia que la da. Sentirlo, aun cuando solo sea un poco de lo que puede significar, es haber llegado al margen preciso para poder percibirlo. Es en él donde se encierran los misterios de la vida; su sentido.

El amor no es solo amor, también es la vida. Ambas cosas surgieron al unísono, en el mismo instante en el que se reveló el deseo del Alma del Milagro que hizo todo posible. Y a la misma hora, contada en el Reloj de la Vida, se produjo la Gracia de Dios, nacida y crecida dentro de su Vientre; dando origen a su presencia, como Obra de su propio Ser, de condición sobrenatural.

Para el mundo existe lo que conoce. Es parte del milagro y de su alcance. Si dejara de ser abúlico y perverso, se sorprendería de las atribuciones que tiene para ser una sonrisa oceánica, para ensanchar las faldas de la Tierra y cobijarnos todos, con el inmenso amor que Dios depositó en ella para nosotros; ahora ya, extraordinariamente dañada por nuestro menosprecio y maltrato.

Las horas se cuentan al revés desde el primer segundo en que el espíritu airado, se contagió de su propia envidia. Sentida ya en el Vientre de la Vida, al desprenderse de su sitio dentro del Universo, y distanciarse de la verdad que estaba viviendo; hasta el punto de olvidarse de ella. Así fue como el espíritu contrario a Dios se fue alejando de Él, sin querer mirar hacia atrás para evitar verse obligado a reparar el daño que se había causado a sí mismo y al resto del cosmos. Hubiese tenido que volver a empezar por donde se había quedado, antes de desviarse de su camino, y emprender su andadura por el que él mismo fue abriendo, en sentido opuesto al de la vida.

En la serenidad de la estampa del amor crece el alivio para calmar los males. Mas, es tanto el sufrimiento que el espíritu maligno provoca, que no es posible sosegarlo todo. El amor apacigua. El Mal altera. El ser humano se queda con lo que es capaz de sentir. Teniendo en cuenta que solo sabe distinguir, de entre el Bien y el Mal, hasta donde alcanza, no siempre aplica la lucidez necesaria, para evitar el flujo malévolo en su vida. Por este motivo, se le cortan los aires al poder benigno, y crecen los del maligno. Obviando así, lo que se está llevando por delante.

Los brazos del amor:
La Plenitud

La obra del Bien en la Tierra es grande. En cambio, nuestros pies apenas llegan a pisar el suelo que la sostiene; debido a que nosotros mismos nos hacemos sombra y nos cuesta ver con nitidez por dónde vamos. Ello nos arroja a los pies del Mal, ya que siempre está en el lado contrario al de la vida. Querer vivir sin alimentar nuestras alas con el poder de la vida, además de puro egoísmo, es puro cinismo. Esto es lo que venimos haciendo, aunque no seamos, al menos del todo, conscientes de su importancia.

Acudimos a Dios cuando nos vemos en algún apuro, al mismo tiempo que distorsionamos la idea de lo que, realmente, representa en nuestra existencia. No tenemos lo suficientemente claro que Dios nunca nos ha hecho ni nos hará daño. Es el espíritu maligno, el que se rebeló contra Él, quien viene descomponiendo la Obra Originaria de la Vida, arrebatándolo todo con la suya.

Nos están exprimiendo el cerebro con manos de acero; con la intención de que, cada vez, nos dobleguemos más ante los allanamientos morales que van en contra del esmero por el verdadero valor de lo que más nos repercute. De este modo, se impone el Mal con su falsa caricia, que hasta puede matar, y el Bien se va quedando atrás, menospreciado por nosotros mismos; una infiel pirueta del desamor del hombre, que no recoge la verdad como es. No quiso verla, en el momento de perderla, y continúa negándose a ella; entrando ya en un proceso de locura, pegada al ombligo de un Satanás que pretende derribarlo todo de su sitio.

Estamos sostenidos en los brazos del amor. A pesar de ello, extraordinariamente debilitados, sin el interés que se requiere para ser parte de él, con el fundamento abierto a la vida.

Quien más y quien menos, por razones distintas, se pierde en el laberinto del zapato que calzó el pie que dio el primer paso hacia la salida del Bien; entrando en la oscura y violenta nube que nos engulle, y a la vez, nos sacude. Si aceptamos o no salir de ella será asunto nuestro. No obstante, es bueno que sepamos que, si somos capaces de mirar hacia atrás, y mejorar en todo lo posible, estaremos iniciando la salida del laberinto hacia el buen camino. Luego, hay que continuar por él, hasta encumbrar en nuestro destino, cruzando descalzos el río de la paz; con la finalidad de hallar, de nuevo, las armonías que nos corresponde sentir, por ser parte de la Obra de Dios. Tendremos que volver al camino que perdimos, y aceptarnos a nosotros mismos como seres fieles a la vida, sin desperdiciarla, para que nos corresponda. Dependerá de nosotros; ella no nos niega nada, es traslúcida y no cambia.

Es el propio ser humano quien se desliza por las anacrónicas fugas de su incoherencia, y se lleva al mirador de la muerte, en vez de al de la vida, para mirar y obrar sereno desde sus espejos.

Por mucho que el hombre quiera adelantarse con sus argucias, incluso con su erudición, al patrón del ingenio de la vida, no podrá componer ni una sola pieza vital que hable, por sí sola, de la misma. Lo mejor que se podría hacer sería respetar, con total transparencia, la propia fidelidad de Dios con el ser humano y con el resto de las criaturas. De este modo, daríamos un vuelco a todo, a favor del pulso del honor, abierto al Cielo; protegiéndonos, para siempre, del poder de la condición maligna.

Antes de que pase más tiempo en contra nuestra, acelerándonos el corazón con las corrientes del poder impúdico del desertor de la vida, acertaríamos plenamente, si nos mirásemos en el espejo y, por un momento, lo hiciéramos mágico; recurriendo, nuevamente, al amor. Se empezaría a contar así, el primer segundo en el que las horas del Reloj de la Vida comiencen a girar hacia la dirección propia y correcta de la misma. Supondría el comienzo del fin de la demencial burla del Mal; quien se lastima a sí mismo, negándose a recuperar la fuerza del Bien, perdida con tal de producir daño a los demás, como si fueran presas de su propiedad.

Si apreciáramos con profunda nitidez el verdadero significado de la palabra amor, comprenderíamos mejor el valor de lo creado y el de lo recibido. El de lo creado, como el de lo trabajado para darlo. El de lo recibido, como el de lo confiado para que nos beneficiemos de él. Pero el bien de todo únicamente se produce cuando se da y se recibe con amor.

Del amor de Dios me siento impregnada. Lo que el ser humano acusa, con demasiada frecuencia, es su habitual desprecio por el Legado recibido, a cambio del hambre y del luto del mundo; contrarrestado por las buenas personas, que igualmente abundan y amansan las iras malignas.

Los valores de la plenitud proliferan a través de las razones del amor.

Sin la plenitud, los valores pierden su sentido, y el sentido, su razón.

Hablar de la plenitud es expresar algo de su contenido, reconociendo haberla vivido.

El poder del Espíritu:
El ciclo de la vida.

Cuando el ruiseñor, o cualquier otro pájaro cantor, cantan, lo hacen porque sienten la necesidad de hacerlo, al margen de sus voluntades; no tienen ninguna pretensión prevista, con la que puedan condicionarse. Sus cantos son libres; les nace de sus facultades genuinas, como seres logrados para dar, con ellos, armonía.

La necesidad es la fuerza, impulsada por la razón que la da.

Para apreciar el valor de lo verdaderamente importante, se requiere haber conectado, antes, con el poder del espíritu, y haber conseguido la capacidad de reconocerlo como el medio idóneo para recoger y guardar las esencias de los seres. Es en el espíritu donde se concentra el argumento de los hechos de todas las criaturas con aptitudes para realizar actos de conciencia. Su poder reconoce, por sí solo, los valores desarrollados, independientemente de la intención mental del ser al que pertenezca; de quien capta y memoriza todo.

Exclusivamente a través del espíritu se puede estimar el efecto de la eficacia para sentir la vida. No podríamos orientarnos, ni disfrutar de ella, si careciéramos del espíritu; puesto que es en él donde se concentra la suficiencia que nos permite apreciar y distinguir el Bien del Mal. Después de esta observación y aprobación espontáneas, el ser humano deberá reconocer, según su nivel moral, el valor con el que se identifique. Y experimentar con el mismo, el sentimiento que le aporte, tras pasar por el tamiz de su conciencia; será esta la que determine cualquier efecto significativo. Negar la conciencia puede influir en la manera de registrarlo, mas no podrá anular su importancia.

Nadie que ignore su espíritu conseguirá confirmarse como alguien. Sin este reconocimiento, no logrará valorarse ni sentirse auténtico. Tampoco empeñarse en sentir que lo es; hasta para eso, es imprescindible creer en él.

Caminar todos caminamos, excepto los impedidos por algún motivo. Pero ¿quién sabe hacia dónde va, conociendo, al menos, la causa que lo mueve y la fuerza que, por él, vive sujeta a su voluntad para poder dirigirse por cualquier camino...?

Todo es fácil o difícil, según nos lo parezca, al sopesar lo que para cada uno de nosotros representa, al margen de lo que sea. Cada cual, considera lo que nos rodea y afecta desde distintas perspectivas.

Todas las criaturas han nacido de su propia proyección, alentadas por la vida, que manó del milagro como obra de Dios. Él fue quien lo propulsó como fuerza milagrosa; a la que recurrió para, como planta hacedora, distribuir su vida entre otros seres. Luego, estos harían igual, ya que eran partículas vivas del mismo milagro, movido por el amor; que da la vida. Y, con ella, lo que se reconoce como valor y resultado de su propia naturaleza y capacidad de existencia, preparada para reproducir cualquier posibilidad de sí misma. Más allá de lo que existe, se concentra el sentido que la define, así como el valor que da su esencia para ser valor y vida. En su milagro se encuentra toda respuesta alumbrada, aunque sea desconocida por los seres procedentes de ella, y a pesar de su ignorancia sobre cualquier valor surgido de la esperanza de Dios.

Abre, hermano, tus sentidos

al dulce amor, que te llega

perfumando los caminos

con olor de yerbabuena.

Nacidos serán, de nuevo,

los valores que te enseñan

a descubrir, con esmero,

toda nacida reseña.

Pues, para poder vivir

con plenitud de conciencia,

es necesario sentir

un fiel deseo de tenerla.

Vivir esperanzado exclusivamente en las cosas materiales, nos va hundiendo en la miseria que vivimos; debido a que carece de la eficacia para salvarnos del poder que determina nuestra evolución, respecto a la vida y a la gracia de tenerla. Sin el valor de la existencia, nada tiene otro sentido que el de la pobreza.

Acumular bienes materiales por acumular, sin conseguir con ellos el bien propio y ajeno, origina un vacío que nos puede enfermar. Repercute, sin excepción, en los sentidos vitales del hombre, atrapándolo en un cansancio y hastío de todo; podrá disfrutar del poder económico que ostenta, pero no del espiritual, que es de donde mana la vida. De ahí que, para poder ser verdaderamente feliz, sea imprescindible saber apreciar el valor de lo que se tiene. Y, luego, aprender a compartirlo de la mejor manera con quien, de verdad, lo necesite. De este modo, el bien material tiene una buena respuesta, propia y ajena, que es lo mejor que se puede dar de una fértil cosecha. De nada sirve dar o recibir si, en ese intercambio, no se produce la buena voluntad, sin otro interés que el del bien común.

Quien da por dar, no solo desprecia lo que tiene, sino que tira su suerte y, con ella, su bondad.

Para aprender a comprender con claridad, y a saber elegir lo que nos hacen bien o mal, acerca del valor material, es elemental saber diferenciar la importancia de este. Tener medios económicos no es malo; peor es no tenerlos. Perjudican cuando con ellos se causa daño. Ni por ricos nos condenamos si abrimos nuestra alma al amor, ni por pobres nos salvaremos si carecemos del bien de la misma.

Nadie es más que nadie. Sin embargo, podemos ser mejores o peores personas; dependiendo de los actos morales y humanos de cada una, sin que tenga que ver con nuestra condición socioeconómica. En el fondo de cada ser, debajo de su silueta, se encuentra el espíritu abierto, como un clavel o como una sombra negra, a cualquier gesto propio; el que lo llevará por los caminos del Bien o del Mal, según su voluntad. La llave maestra de su conciencia; la que da a cada criatura capaz de sentirla, su valor.

Todo lo que el Bien y el Mal representan nos repercute directa o indirectamente, según sea voluntariamente o no, dirigido hacia cualquier persona o valor que nos afecte.

No podemos ser felices sin que los auténticos Guías del Cielo entren en nuestras vidas y nos enseñen a apreciar y disfrutar del poder de nuestro espíritu, bien avenido con el del amor; no existe otro modo de memorizar y de plasmar en la Tierra y en el Cielo, el poder irresistible de los colores más bellos por haber nacido.

Cocinas y cocineros siempre hay en los caminos. Pero los buenos pucheros son los que se cocinan con el debido amor para que sienten bien.

Tirarnos al suelo, es fácil para el viento huracanado. Lo mejor sería que fuéramos nosotros quienes, con nuestro temple, lo calmáramos a él, y lo acunáramos en nuestra alma, hasta que se quedara dormido. Y, cuando se despertara, supiera, de inmediato, que gime, llora y arrasa por los caminos porque se siente desolado, por ser el viento huracanado, y no la calma.

Se nace con el estigma galopante del dolor y de la muerte; a ambas cosas pertenecemos, desde el instante en el que nos hicimos mortales.

Nos corresponde quitar el símbolo de la cruz para liberar de ella al Hijo de Dios y a nosotros mismos. Vivir serenos para morir en paz, e ir alcanzando los diversos niveles de la gloria, hasta encumbrar en ella.

Seremos juzgados por nuestra propia conciencia; antes de volver a nacer o, por el contrario, no ser capaces de reencarnarnos. Desintegrándonos y retrocediendo en este caso, por involución, a las partículas primitivas, dentro del Plano Universal; al no haber desarrollado el valor necesario que toda criatura precisa para reencarnarse en nuestro planeta.

Se desconoce lo que nos tocará vivir, después de fallecer en la Tierra como un fruto más de ella. Mas lo peor no es que se ignore, sino que se quiera ignorar, por diversas razones mundanas; cáscaras de la basura con la que se cimienta la prosperidad de quienes fueron lobos en su tiempo, con apariencia humana, y pusieron patas arriba la verdadera obra digna que el Hijo de Dios quiso dar a conocer.

"Nadie que se va, vuelve". Palabras que todos hemos escuchado alguna vez. Y es cierto, en el caso de quien se eleve o, por el contrario, involucione rumbo a otros planos universales, encaminados hacia los distintos planetas. No obstante, también puede retornar, que es lo más común, reencarnado en otra posibilidad viviente, como consecuencia de su necesidad de permanecer en la Tierra. Contando con una nueva etapa para su desarrollo, en la que tendrá otra oportunidad para soltarse y separarse del Mal.

Cuando el espíritu deja de enfocarse en el cuerpo al que ha pertenecido, durante su estancia en la Tierra, el peso de su proyección desaparece del mismo. En cambio, el valor y el poder perpetúan. Y en otra situación diferente, este, comienza a proyectarse, nuevamente, en su ferviente necesidad de dar forma a la vida. De ahí que se origine el comienzo de un nuevo ser, engendrándose dentro de otro. Lo que da lugar a la permanencia de la vida, a través de las más diversas formas y características físicas, esenciales para el disfrute de las Fuerzas Vivas. Las que captan las emociones de otras, estimuladas por las suyas propias. Dará un resultado de cualquier valor captado por las mismas.

Nuestra propia creación:
Los valores

Intervenimos en nuestra propia creación, mediante el esfuerzo que hacemos desde el deseo de existir. Por lo que, la vida va siempre por delante de su propia iniciativa. Sin la vida sería imposible entrar en el templo de los sentidos para, a través de estos, incorporarnos a ella con la fuerza necesaria, y con la intención de captar nuestro propio deseo de vivir para poder lograrlo. Ello, desde el espacio disponible de la dimensión a la que se llegue orientado por el espíritu; el que guarda la clave de nuestra magnitud espiritual, aceptada, para liberarnos del Mal de todos los tiempos, aun cuando, después, ni se conozca ni se consiga encumbrar con ella.

Nacemos preparados para afrontar nuestro destino individual como criaturas exclusivas. A pesar de ello, durante nuestra estancia en la Tierra, lo que mayormente conseguimos es ganar en desorientación; entorpeciendo y destruyendo con esto toda probable meta ilustrada por la propia conciencia; que es la que advierte de cualquier situación percibida por mediación de los sentidos. Los que, a su vez, posibilitan que cada ser pueda saber lo que necesita para poder realizarse. Me refiero a los Sentidos Universales, de los que cada criatura recibe lo que es capaz de percibir, en proporción a lo que, mediante su inteligencia emocional, puede asimilar. Motivo por el que cada ser no solo mueve su propia inteligencia, sino que lo hace con un nivel distinto, según se haya nutrido de los Sentidos Universales, que lo captan todo.

Cuando los sentidos prosperan con los Valores Universales, incluso para la propia materia física de los seres, se va ampliando el poder divino que cada uno recibe del Amor del Universo. Y es a través de Él, como se pueden lograr proporciones más amplias de las que conocemos en todo lo posible; para ir descubriendo y valorando, otros niveles de mayor progreso universal, con el fin de poder disfrutarlos. Podemos así, ir adquiriendo afluencia de la vida. Y, con ella, cada vez más, ir consolidándonos; desarrollando las cualidades imprescindibles para apreciar y distinguir la identidad y el significado de cada uno de los valores: Lo que pueden aportarnos.

Por anchos y cortos que sean los caminos, si desconocemos hacia donde van, nos pueden alejar de nuestro destino. Lo que me trae al pensamiento el nivel de mi conciencia para mejorar lo que siento, respecto a cualquier cosa.

Cada instante de la vida debe significar para nosotros un poco más de aliento, sabiendo lo que nos aportan. No reconocerlos, es igual que no tenerlos, porque se vive de ellos. Si no apreciamos el valor de cada momento de la vida se pierde la conciencia de tenerla. Y, con la misma, la fuerza que nos la da; en la que se encuentra el extracto de la permanencia. Sentir la importancia de haber nacido implica haber distinguido, primero, la cualidad que otorga el espíritu para nacer con él, como fuerza principal para hacerlo como vida; es la parte vital donde se produce, de lo divino, la influencia capaz de mover la energía que lleva para proporcionar, de ella, lo que es.

La cualidad es el resultado de lo que se aprecia y se valora, a la vez que se va estimulando hasta ser cualidad. Las cualidades sirven para ser alguien con el poder que las definen. Con las mismas, coinciden los valores que las hacen cualidades; desprenden la propiedad de lo que se puede hacer con ellas.

Para apreciar las características de nuestro perfil

humano más profundo hay que tener en cuenta el deseo, abierto al estímulo que el mismo deseo provoca. Ahondando, simultáneamente, sobre lo que se ha de estimar de cualquier valor; si primero no se da el interés por conocerlo, es imposible distinguir la importancia de este.

Es a través del sentimiento como podemos orientarnos, sin desvincularnos de los verdaderos valores, para ir asimilando nuestra propia inquietud por conocernos y comprendernos. Al tiempo que, sumergidos en la esperanza que nos concede, evolucionamos como criaturas inteligentes, ayudándonos a sentir de nosotros mismos lo mejor de lo que somos.

Nos reconocemos como seres humanos. En cambio, existen grandes diferencias en nuestra forma de comportarnos. Sería excepcionalmente improbable, encontrar a tan solo dos personas exactamente iguales, referente a lo que somos y nos afecta. Cada cual es individual e intransferible, pese a que nos parezcamos en las cuestiones básicas. Existe el gran desconocimiento sobre nosotros mismos de lo que no se ha pensado, sentido ni averiguado; por lo que puede darse una circunstancia nueva en cualquier persona abierta al Canal de la Vida desde su condición humana. Sin que para ello, sea necesario seguir reglas o escuelas de la experiencia servida.

Los vínculos creados entre los humanos, por

cuanto se conoce y se practica, han dado lugar a la gran ignorancia que se está padeciendo, respecto a las cuestiones de máxima importancia. Aún sin conocerlas, nos están afectando de manera contundente a lo más vital de nuestra existencia como es la salud, la moral, la inteligencia y, en definitiva, a toda nuestra capacidad humana; profundamente dañada por no saberla apreciar ni sentirla como propia.

Un sonido lejano puede conducirnos hasta él con tan solo dejarnos llevar por un avance progresivo que nos irá indicando su proximidad. Al ir acercándonos, su fuerza y la nuestra reaccionarán incrementando la conexión entre ambas. Si hiciéramos lo contrario, iríamos perdiendo, igualmente de forma progresiva, la capacidad de escucharlo, debido a que su fuerza y la nuestra se irían separando hasta perder la conexión; lo que indica que es por mediación de las fuerzas como se llega a todo lo posible. Y que, según sea el recorrido, llegaremos a un punto concreto en el que nos fijaremos con nuestras respuestas personales, en consonancia con lo caminado y lo hallado.

Cuanto hemos hecho hasta ahora ha sido reconocido por las fuerzas universales que lo captan todo, devolviendo el mismo efecto que de lo recibido; es lo que recogen para dar. Lo que el ser humano dice o hace tiene un poder de trascendencia que llega al origen de su existencia para ser reconocido por sí mismo, a la vez que por las fuerzas que lo mantienen desde el poder absoluto.

Existen las fuerzas del Bien y las del Mal. Por lo que, cada uno de nosotros se irá fijando, por atracción de su propia conciencia, y por la respuesta de su mente, en ellas. El desconocimiento sobre la dinámica de estas, nos puede ir discapacitando para salvarnos de nuestro propio engaño. El Mal lo aprovecha e impone su poder, quedándose con lo que no sabemos lograr del Bien; convirtiéndolo en su cosecha, con la que siembra el pecado. Con él, satisface su deseo, que es su sustento. Así se ha ido y se va perdiendo el Legado de Dios para todas sus criaturas, sin tan siquiera saber por qué ni cómo está sucediendo, por estar preñadas de mentiras y, con ellas, del espíritu que las fue sembrando. Lo que está dando lugar a que sea el alma maligna la que consiga, con sus sembrados, imponer sus frutos. Y, con ellos, su valor contaminado. Es lo que viene sucediendo y lo que irá en aumento, de no llegar a lo cierto como seres humanos.

Es necesario que comencemos a sentir, a nivel personal, lo que ocultamos, e ir reconociendo y comprendiendo los resultados que de ello se derive. Y, a través de la reflexión sobre la lógica de lo razonado, concluir si es bueno o malo, con el objetivo de que podamos corresponder a nuestra conciencia, sin engaños propios ni ajenos.

Todos los seres humanos y, en general, todas las criaturas del mundo, coinciden en lo que les fue dado, independientemente de lo que existe; que es lo que nos distingue de cualquier otro, sin tener que esforzarnos.

La razón, no escrita pero sentida, forma parte de la razón exclusiva de la vida. La que reúne todas las cualidades para ser el espíritu y el milagro de su propia revelación, antes y después de la presencia física de Dios y de la señal de su existencia. El milagro no solo recoge lo que conocemos, sino que, lo que conocemos, es lo que limita al milagro. Se nos está avisando, a modo de revelación, que necesitamos abrirnos al auténtico manantial de la vida, con el propósito de despejar nuestros caminos de todas las miserias, y poner punto final a los desconsuelos que venimos sufriendo, por ser criaturas a la deriva.

Las flores:
Cuerpos de la Vida

Un día, un buen amigo me preguntó si las flores lloraban. Le dije que escribiría sobre ello, y lo hice:

Las flores emergen de los valores que resaltan las armonías que crecen, en su estado natural, del desarrollo que la propia vida ofrece; al alcance de las fuerzas que manan de la misma. Sus hechizos cautivan. Brindan las armonías que el ser humano precisa desde el fondo de su ser; por encima de lo que, la obvia desorientación en su destino, le permite ver. Sin embargo, las flores se mantienen en su esencia, sin alteraciones propias, excepto las que sufren externamente. Permanecen escrupulosamente identificadas con su sino, en su estado puro y críptico, amantes de todo lo que la vida concede; lo que expresan con sus colores y con sus euritmias. Se marchitan, y presentan su aspecto más desolado cuando alguien corta sus tallos y las separa de sus raíces. Podemos creer que padecen por ello. En cambio, lo que sucede es que se deterioran en su aspecto físico, sin dejar de ser flores por dentro, puesto que permanecen al alcance del órgano original del principio de todo lo que existe.

En las flores dejo Dios un porcentaje del vigor de su influencia, con la finalidad de que nos trasmitieran la exquisitez de sus eufonías, frente a las grandes barbaries del ser humano. Es inimaginable el poder y el valor que tienen para aplacar nuestras furias y engrandecer la Tierra. Su desarrollo espiritual va unido al de la vida. Y aunque las fuerzas macabras de este planeta las destrozara, seguirían siendo hijas de la fiel Naturaleza. Inagotables en su acción empírica para dar de ellas lo que son: Flores nacidas del acto impoluto de la vida. Lo confirman con la función que le fue concedida por Dios, basada en su intención de que sus poderes se mantuvieran vivos en la Tierra; fluyendo a favor de las grandes conexiones que se producen entre las dimensiones de esta y las del Cielo.

Todo cabe en el puño original de la expansión innata del Cuerpo de la Vida. Somos nosotros los que no vemos lo que existe y sucede poco más allá de unos metros de distancia.

Las flores no lloran, pero sienten. Nacen, viven, crecen, se reproducen y mueren. Como el resto de los seres vivos, tienen una vida implicada en los valores que contienen las razones, las esencias y las fuerzas que la componen. Viven desde su interior, sin que sus pétalos ni ninguna otra parte física sean las que realmente las definan como flores. Son brotes del espíritu humano desde su revelación más estrecha con los poderes del Creador.

Dios propicia que coincidan las armonías entre los seres vivos para, de esta manera, resaltar los valores de la vida. A la vez que dar de ella los sentimientos que pueden garantizar la perspectiva de sentirla. Cuando estos sentimientos se pierden, se pierden también los valores que la contienen. Se van destruyendo, al ser reemplazados por otros que no son más que invenciones de los hombres; mediante hechos que les dan un motivo para proceder, según la voluntad de cada uno. Todo ello, al margen de las características que el ser humano guarda en la parte vital de la única esperanza viva que, como consecuencia de lo que es, mantiene intacta en su alma.

Vivimos fuera del contexto de nuestro destino, empujados por los ejemplos traidores que el Mal ha ido generando a través de su codicia; estableciendo con ella la corrupción más siniestra. Y, con esta, la destrucción de nuestro medio de vida espiritual y físico en este planeta.

Cuanto en la Tierra se malogra está ceñido a la

avaricia y a la incoherencia humana. El hombre no es capaz de comprender, en toda su magnitud, que cuando destruye su entorno, se convierte, de inmediato, en víctima y en traidor de su propia destrucción. Pero, Dios responde como Padre a sus hijos y controlará nuestros hechos, hasta que haya una educación más precisa que nos garantice la comprensión necesaria; con la intención de que seamos capaces de valorar cuanto Él, como Padre, nos dio para, al reconocerlo, poder disfrutarlo. Así que, las flores no lloran, porque, en ellas, solo caben las armonías como causa de su nacimiento. Si bien, están vivas, y, por tanto, sufren cualquier proceso que experimenten en contra, o a su favor.

El cuerpo de la vida:
La suerte de la existencia

Quien esté fuera del contexto de la vida no sabrá quién es, ni cuándo será mañana, pues no existe para él.

Cuando cualquier criatura deja de reconocer su existencia como lo más importante, pierde de ella su valor, aunque no su naturaleza. Podrá continuar así, abierta a una nueva oportunidad, desarrollada según su propia voluntad. La meta será hacerse, de nuevo, criatura, por mediación de su propio deseo de serlo. Mas, para poder lograrlo, primero, tendrá que reconocer su valor como esencia de Dios; aceptándolo, con el fin de poder ejercer su fuerza como partícula viva nacida de Él. Y, de este modo, volver a empezar el proceso de la vida, hasta hacerse a sí misma como milagro nacido de su Fuente;

trabajando su destino, alentada por ella. Llegado a este punto será la propia criatura quien deberá crecer abierta a su voluntad. A pesar de que Dios da la vida, es ella la que ha de recogerla para saber darle la importancia que tiene. De no hacerlo, no podrá disfrutarla, que es lo mismo que no vivirla.

Todo está perfectamente calculado desde la voluntad de Dios, dando como resultado la gran sincronización entre Él y el Universo; lo que hace que todo pueda ser perfecto. Que no lo sea, no quita la razón a lo que he dicho. Lo imperfecto corresponde a la alevosía que se fue desarrollando cuando el Espíritu Maligno se rebeló contra su propio poder y perdió, de Dios, la luz y la prudencia. En ese momento, se extravió por completo, excepto en el proyecto de lo que fue. De este modo, desarrolló otra fuerza paralela a la Verdad, para saber de ella y traicionarla, de forma inmediata, agitado por la torpeza de querer superarla y hacer de la misma, su verdad; sabiendo que era un engaño, y Él, su primer traidor y traicionado.

Todo cambió al instante, al surgir otra fuerza, maligna, que antes no se manifestaba, a pesar de que, quien la originó, fuera un astro nacido de Dios y albergara en su espíritu la esencia de la vida. Empezó a contaminarse al dejarse llevar por el brío que iba desarrollando. Creció en su maldad hasta ser maleza y causar el daño que recayó en su primera víctima y en el resto del Universo. En Él, prendió su inoculación, a través de la reproducción y de la sincronización entre ambos. A pesar de ello, nada habría pasado si, en aquel preciso momento, el espíritu maligno se hubiera parado arrepentido. Sin embargo, no fue así. Empezó a extender su semilla sin reparar en ningún cálculo sobre el Sistema de la Luz y del Amor, previsto por Dios para la salvación de todas las almas que acabaran contaminándose con ella; por lo que, el mismo espíritu maligno, se expuso a caer en su abismo por su propio peso. Desde entonces, ha ido avanzando, agotando el bien que de Dios recibió; cayendo en el olvido, con el paso del tiempo, por haberlo negado.

Todas las barreras de la más absoluta oscuridad se le cruzaron delante de su fe por si decidía cambiar de actitud, sabiendo lo que quería, antes de dejarse arrastrar por ellas. Pero su voluntad, ya corrompida, no le respondió y se dejó llevar por la fuerza que empezó a sentir contra la vida. La falta de luz en su alma le privó de la sabiduría de la que nació; la que no solo despreció, sino que, también, traicionó, usándola al revés para producir daño. Y así apareció la mentira.

Por ninguna de las puertas que se abren, entra el Cielo ni la Tierra, puesto que no son de nadie. Ni tan siquiera la suerte podría entrar por ellas sin la influencia de alguien que la ejerza.

Un cesto de limones en la mesa, dará un fulgor de pureza, por ser un fruto dorado; además de ejercer un poder de influencia en el estado de ánimo de quien esté abierto, como sus flores, a ella.

La suerte, como cualquier otro valor trascendental de la vida, pertenece al Ser Impoluto de la Luz; de Él parte para ser amor por mediación de ella. Fruto de sus labranzas, refuerza, idílicamente, las capacidades del Bien; puesto que respira de la fe del ser humano. Se muestra en los planos más contundentes de las verdades, sentidas sobre fines que corresponden al propio rigor de la misma vida; sin este rigor, no se consigue la verdadera suerte. Normalmente, no es comprendida, ya que, apenas se reconoce por su verdadera valía. La inmensa mayoría de las personas la interpretan de forma superficial, creyendo que es solo lo que nos depara el azar, como si fuera una tómbola. Sin tener en cuenta lo que de la suerte se espera, y sin considerarlo, debido a que, por desconocimiento, no se piensa. Por esta causa, no la estimulamos ni cultivamos a nuestro favor, del modo más conveniente. En cambio, cuando algo nos sucede en contra de esta, decimos: - "¡Qué mala suerte…!" Sin distinguir que, antes de sentirnos contrariados con ella, tal vez era buena; lo que sucede con demasiada frecuencia, y gran repercusión negativa.

AMANECER

Cuando mañana amanezca
tendré un lugar temprano,
en cualquier gesto del día,
porque sabré apreciarlo.

Y si no lo tuviera,
podría seguir pensando
que lo tendría, al pensarlo.

El flujo de la vida
a mí me está afectando,
porque pienso noche y día
en lo que me está dando
para yo tener la mía.

A ella me abro en mis sueños,
enlazados a sus brisas.

Y con ellos me consuelo,
a través de su armonía,
aprendiendo con esmero.

Cuando el hombre abre su espíritu a la vida lleno de amor y de bellos sueños, cualquier cosa no le sirve; le sería ajena a lo que ve, siente y piensa. Cuando, por el contrario, lo llena de odio, o de otra maleza, no puede soñar con luz ni sentirse libre sin la fuerza del amor, a la que se niega.

La suerte no es un valor cualquiera. Le llega a quien sabe recibirla como un bien de Dios para su propia cosecha, apreciándola como una simiente más, para dar de ella la misma suerte, prendida en la gracia de tenerla. Y a quien la confunde con lo que le llega al margen de la inocencia, solo obtendrá de esta la razón que se la dio, que será de un valor cualquiera, sin trascendencia para el verdadero fin de nuestra existencia en la Tierra.

Siempre he deseado saber por qué pertenezco a los seres dañados, si no es lo que deseo ni me expongo a ello. ¿Por qué me sucede lo contrario a lo que amo, si únicamente pienso y hago lo que puedo ofrecer? El espejo de mi mente, del que capto lo pensado, me dice claro y ardiente lo que de mi alma siente, tanto del presente como del pasado. A la vez, me armoniza con el futuro para poder ver de él lo que en mi alma florece, aunque ya fuera perjudicado por el Mal que lo entorpece todo; como siempre ha pasado.

Las fuerzas malignas han caminado paralelas a las del Bien, hasta haberlas adelantado, dejando su contaminación por los caminos; los que se llenaron de sus siembras, provocando la adversidad entre las mismas. Ello creó una lucha que desembocó en que, las criaturas puras, asediadas por las que eran portadoras del Mal, se vieran en la necesidad de defenderse; hasta sentir su propia ira, por no poder aguantar más lo que les hacían. De este modo, se produjo la debilidad en muchas de las fuerzas del Bien. Todo ello, fue desembocando en las más diversas alteraciones, hasta llegar al ritmo frenético de maldades que venimos sufriendo. De aquellas criaturas, ya contaminadas, nacieron otras con las mismas semillas en sus almas, al mezclarse ambas fuerzas. Fueron alumbradas con la existencia marcada por su propia voluntad para elegir entre ellas.

Creció la maldad y, con esta, la mentira. Las verdades más importantes se fueron quedando atrás, siendo perseguidas y destruidas por las fuerzas corruptas que lo niegan todo. Por este motivo, al Bien le cuesta tanto trabajo caminar, a pesar de que sienta la energía de la vida y la justicia. Los caminos están sumamente infectados por la moral maligna.

La historia de la humanidad habla, por sí sola, de la realidad tan injusta que venimos sufriendo.

El Mal ha distorsionado las revelaciones del Bien en la conciencia del hombre. Ha sometido a este a su voluntad, mediante la posesión, para que no conozca, de Él, las grandes, viejas y mezquinas inmoralidades que siempre ha querido ocultar.

A partir de ahora, el Bien que se quedó atrás, avanzará, de un modo especial, guiado por el propio Dios; quien le ayudará a campar libre en el terreno allanado con las manos de la fe, prendida en el amor. Con él, se escribirá el primer renglón de la verdadera suerte del ser humano; el que ajustará las viejas cuentas del pasado. Solo el que espera el Bien sabe de Él, y podrá retomar el sentido de su vida sin tener que perecer en la arbitrariedad de la mentira, y padecer la razón invertida, con toda su crueldad.

Meramente en la verdad se hallan y se hallarán las respuestas que han de dar a los hombres los saberes que precisan para, a través de ellos, perdurar vivos en su propia existencia. De nada sirve vivir por vivir si únicamente se vive para después morir; sin más trascendencia que la de existir por existir esperando la muerte.

Si alguien provisto de conciencia vive exclusivamente aferrado a morir, sin expectativas sobre la vida, confirma que tiene conciencia, pero que ha perdido la referencia de la vida que se la hizo sentir.

No solo por existir se comprende la esencia de la que vivimos. Para conocerla, es imprescindible entrar en ella, más allá de lo que vemos, con el espíritu abierto al amor; fragua inagotable del sentido de los componentes de la vida.

Aunque no nos conozcamos, pienso en ti, porque estás en mí, como yo en ti. Llevamos mezcladas las referencias humanas; por lo que me inspiras amor. Voy comprendiendo lo que significas para lograrme en nuestro encuentro, ya que eres eje de mi constancia; necesaria para aprender a vivir de mi experiencia contigo. ¿Qué sería de nosotros sin las concordancias humanas de otros…?

El espíritu:
Ciencia universal de la vida.
El Origen de la enfermedad.

La Tierra es un planeta dotado para el amor, a pesar de no darse en esta, como debería, por la mala condición que, en términos genéricos, se ha desarrollado. Podemos acabar de estropearla, si la seguimos envenenando, sin importarnos que nos estemos alimentando de la misma, nosotros y nuestros hijos; los que llegan con nuevas señales de lo que somos, y que irán dejando de estas, su idéntica constancia, aun cuando sigan careciendo de su valor.

El Espíritu es Ciencia. Dentro del mismo, y por mediación de Él, se da la vida y, luego, la recibe el cuerpo.

Prescindir de la disciplina del espíritu, y tratar

únicamente la del cuerpo, no solo implica que se desconoce el espíritu, sino que también se desconoce el cuerpo. Cualquier referencia sobre lo que realmente somos los seres vivos, más allá de nuestra presencia física, no está siendo investigada desde todos los niveles posibles, para saber de nosotros, lo que representamos como unidad, en cuerpo y espíritu.

Sin referencias auténticas que nos ilustren sobre las cuestiones esenciales de la vida, se puede decir, claramente, que no hay un conocimiento científico completo, mientras la Ciencia del Espíritu no sea reconocida y estudiada como tal.

Si queremos arrancar de cuajo las raíces de los males del cuerpo, es indispensable ir arrancando también las del alma. Se pueden erradicar las enfermedades. Para conseguirlo, tendremos que dejar de resistirnos a ello. Conocer el espíritu ayuda a conocer, igualmente, el origen de las enfermedades; la prueba de que el espíritu está dañado por la maleza contaminante, procede del viejo Ser Maligno que, primero, se enfermó a sí mismo, y después, logró expandir su semilla contaminada, generando con ella todo tipo de afecciones. Así que, es en el espíritu donde se concentran las fuerzas que nos liberan de los males o nos condenan a ellos.

De ninguna enfermedad se ha buscado la principal raíz de la causa por la que se presenta, excepto la determinación de síntomas que definen patologías, unas más comunes que otras, y que se han ido diagnosticando con nombres concretos. En cambio, queda por explorar las enfermedades del espíritu, que son las que transitan en el cuerpo, hasta dar señales de sus capacidades, a través de diversa sintomatología.

Todo lo que el ser humano ha despreciado y desprecia conocer y resolver es lo que nos sale al camino.

Para llegar hasta aquí, he peregrinado fiel a mis sentimientos, teniendo en cuenta, de forma constante, la presencia de Dios en mi vida. En ningún momento he dejado de sentir que mis sueños y los suyos se unen en el mismo verso. Y que es entonces cuando se produce un encuentro entre nosotros que rompe las barreras de mi alma y me llega su influencia, ofreciéndome la posibilidad de percibir de Él lo que me hace sentir leal a mi condición humana para emprender lo que estoy haciendo. Mientras que, por otro lado, veo, con total percepción, que el veneno de la obra de Satanás prolifera plenamente.

Estamos en un momento crucial en el que el Bien se está separando del Mal, sin pasos ambiguos que den lugar a influencias equívocas. Sin embargo, el Sol continuará saliendo para que nadie se quede en el camino sin el aliento de Dios. Dependerá de cada uno de los seres el uso que se le dé a la fuerza que de Él se reciba, como viene sucediendo.

El veneno nos llega de mil formas distintas, con más alcance del que vemos. Se trata de una energía que fluye, de la conciencia del poder maligno universal, hasta hacerse sustancia. Esta se enquista en nosotros, y crece, como la mala hierba, en el bosque oculto de los sentimientos putrefactos; infectando todo lo que alcanza. No estamos libres de este veneno; por lo que es necesario hacer frente a sus miserias a través de la fuerza que da el amor, como vida y esencia. Y he aquí el quid de la cuestión: Es imprescindible que, si los humos del Mal son altos, nuestro amor crezca por todos los poros de nuestro ser; es el único modo de poder impedir que nos envuelvan y nos lleven, a oscuras, por donde ellos quieren.

Los hilos tiranos de la historia nos vienen enredando los pies para que nos detengamos donde ellos indican. Y, cuando ya nos tienen atrapados con indeseables argucias, juegan con nosotros, hasta hacernos perder el equilibrio en todos los sentidos. Nos convierten en seres desvalidos para atajar los avatares de la vida con la luz encendida en nuestra frente; la que el Hijo de Dios señaló con la cruz en la suya, como símbolo de su pureza y de su sacrificio para salvar a la humanidad de la traición del Mal. Por esta razón aparece la figura del Anticristo con la señal de la cruz invertida, dando muestras de su presencia con la fuerza contraria a la del Bien. Su intención es la de seguir contaminando al mundo; tirando así, por tierra, la señal auténtica del Hijo de Dios y la luz de la misma.

Al estar contaminadas las almas del mundo, nada prospera, en este, como debe. No obstante, continúan sosteniéndose en la única y principal Rama de la Vida, que nos sigue conectando con Dios; la que no se deja contagiar por las semillas nocivas del captador y corruptor de espíritus, o dicho de otro modo, del Diablo.

En la cuna de los vicios más perversos se cuece todo tipo de maldades, regadas y alimentadas con el agua sucia del pecado. A partir de ahora, si queremos liberarnos del resultado de tanta malignidad acumulada, tendremos que cogernos exclusiva y definitivamente a la ya mencionada Rama de la Vida.

Nada se sujeta en el aire, sin una fuerza constatada que lo sostenga; al igual que para vivir físicamente es necesario que todo ser vivo se nutra con los alimentos que necesita. Pero, cuando estos están corrompidos, al mismo tiempo que sustentan, enferman. Y como todo es diverso, las enfermedades también. Así como las maldades; causantes, estas, de los males.

En nuestra alma aún bulle la nostalgia que sentimos cuando nos desprendimos de las corrientes puras de la vida. Fuimos empujados y derribados. A la vez que, por otro lado, algunos de nosotros sentimos que teníamos que ceder, sin resistirnos, para vivir la experiencia necesaria, con motivo de poder diferenciar el Bien del Mal, tras haberse mezclado ambos.

Las corrientes hablan por sí solas. Es Ley de Vida que se conozcan las sombras que nos quitan la Luz. A ver si así, conociéndolas, buscamos y encontramos la salida del infierno en el que vivimos postrados, como relámpagos y truenos, a los pies de Satanás.

El Espíritu es la Ciencia Universal de la Vida. Integra la inteligencia infinita e inagotable de Dios, porque es la fuente propulsora de su existencia; la que contiene el conocimiento sin límites, ya que es el Centro Creador y Conservador de todo lo que Él representa, incluida su capacidad milagrosa.

Al hombre le cuesta creer en los auténticos valores. Si alguien puede hablar de ellos, se debe a que todavía guarda, al menos, algo del conocimiento de cuando fue astro del Universo, antes de caer en la Tierra; donde la falsedad y la traición se cuecen con el "pan de la devoción".

Todo se sostiene en la misma Rama de la Vida, de la que es Padre y Madre Dios; Él es la esencia pura de la misma.

La base genuina de la vida no cambia; cambiamos nosotros. Hasta el punto de alterar todo lo que tocamos.

Hoy es un nuevo día. El vuelo de nuestra superación anhela despegar. Si queremos cogerlo, tendremos que poner en buen funcionamiento las agujas de nuestro reloj; las que se mueven en dirección opuesta al sentido de la vida; algo que nos afecta de un modo excepcionalmente negativo en la misma. Con nuestro tiempo contado al revés, se nos van reduciendo las oportunidades de coger el vuelo de retorno al mismo cauce de las verdades que se quedaron atrás; desde el primer instante que contamos hacia el lado contrario al que se abren los rasgos de la vida. Hay que disponer las agujas de los relojes para que funcionen como deben; es decir, en sentido opuesto al que vienen funcionando. Y seguirlas, como a los mayores tesoros, sintiendo que estamos recuperando el tiempo perdido para volver a ser parte del equilibrio del Universo.

Con los pies atados con cuerdas invisibles, y los vuelos desbordados, sin saber por dónde vamos, sálvese quien pueda, está claro que nos estamos dejando llevar por las malsanas premisas del Mal.

Los caminos sin sentido, se van abriendo al rojo vivo por los pecados de Satanás. Quien se empeñe en seguir por ellos, se verá obligado a calcular los mendigos del mundo, hasta comprender que el más pobre de todos, es él.

No necesitamos mostrar nuestra identidad para ser alguien. Solo Dios sabe del verdadero valor que cada uno de los seres humanos tiene. Y Él nos avisa, y nos ha avisado siempre, del riesgo que corremos de acabar de perderlo, por no ser lo suficientemente prudentes y hacer lo conveniente: Salir del embrollo en el que nos hemos ido metiendo, limpiando los caminos y sembrando en ellos nuestros pálpitos más dorados para que crezca el amor. Con su fuerza, todo estará a salvo.

Siento que me ahoga el peso de la ignorancia que compartimos por resistirnos a entender que vivimos demasiado de nuestro ego. Con él, rompemos la luz y cualquier alternativa derivada de ella para hacerla nuestra y lograr su máxima cualidad y efecto; es a través de la luz como se despejan las oscuridades y las incógnitas que encierran. Al margen de ella, la oscuridad nos ciega, impidiéndonos conocer lo que existe dentro y fuera de esta, puesto que no se puede ver.

Si consiguiéramos reconocer el bien que nos estamos negando de nosotros mismos y de la vida, en general, el mundo cambiaría al instante, porque se daría en él la trasformación deseada por todos nosotros; aunque nos cueste admitirlo. Mas, para que este deseo se haga realidad, ha de precederle la referencia del valor deseado y, antes que ella, la existencia del mismo valor para hacerlo referencia.

Pocas personas comprenden realmente lo que son, lo que les sucede, o acerca de los poderes que actúan para que se produzcan los hechos. Para que estos ocurran, se tienen que manifestar una o más fuerzas, alentadas, a su vez, por el deseo de lo que realizan.

Nuestro ser:
Cuerpo del Espíritu.

Para poder apreciar el valor específico de algo, es necesario contemplar nuestro deseo, abierto al estímulo que el mismo valor provoca. Profundizando, al mismo tiempo, sobre lo que se ha de apreciar. Si no se produce el interés por conocerlo, es imposible distinguir su trascendencia. Solo a través del sentimiento podemos orientarnos sin desvincularnos del auténtico valor de lo que apreciamos. Para, de este modo, ir asimilando nuestra propia inquietud por saber y conocer lo que más nos importe. Y ahondando, simultáneamente, en cualquier perspectiva que pueda aportarnos, ir evolucionando como seres lúcidos; que es lo que realmente puede ayudarnos a sentir de nosotros mismos lo mejor de lo que somos.

Si lográramos entrar en las grandes verdades para vivirlas con todas sus consecuencias, evitaríamos caer en los abismos. Lo mismo que, si supiéramos utilizar nuestro cerebro con la mejor voluntad, obtendríamos los resultados deseables, por haber llegado a saber trabajar con nuestra máxima potencia, partiendo de la del espíritu. Es en el cerebro donde se recogen y se almacenan, temporalmente, durante la existencia física, las iniciativas que el espíritu proyecta, al estar ambos en sincronía. En el espíritu se asientan y se mantienen las referencias de todos los tiempos, ya que es la fuerza permanente que vive y resiste vinculada al Universo. Y que va acumulando las experiencias vividas desde cualquier cuerpo al que haya pertenecido.

Para que nuestro espíritu y nuestro cuerpo puedan sentir que van juntos, vayan hacia donde vayan, es imprescindible asumir, primero, que entre ambos, forman a la criatura nacida: Nuestro ser. Sin este razonamiento previo caemos, de inmediato, en la pobreza de nuestro espíritu y de nuestro cuerpo, al ignorar el fin de ambos. Unidos al Cielo y a la Tierra, antes que a ninguna otra dimensión a la que puedan pertenecer, necesitan persistir juntos, hasta lograrnos en lo Eterno; evolucionando mediante las experiencias que precisamos en el mundo físico.

No podríamos existir en nuestro planeta sin el poder del Cuerpo del Cielo. Se carecería del deseo del espíritu para ser espíritu y cuerpo; este último, formado por esencias naturales que contienen a las partículas vivas, para que de él, brote la vida fuera del firmamento. Cuerpo que guarda el germen desprendido de Dios, para dar la vida con forma física; pura necesidad de la Fuerzas Vivas de sentir su propio anhelo, respecto a sus formas de vida. Y así nacer, de nuevo, orientado y conducido por la fuerza del deseo, surgido de su propio sentimiento, por la razón sentida. La causa para volver a reencarnarse en el mismo lugar, hasta conseguir, por mediación de la evolución y la elevación del espíritu, traspasar las barreras que se pueden encontrar entre el Cielo y la Tierra; al no vivir bien conectados con los valores que nos confirman la Vida Eterna, en el lugar del que procedemos. En él, dejamos nuestras huellas como rosas vibrantes que, sin espinas en sus tallos, cuentan sus pétalos igual que versos del tiempo que nos separan de ellas.

Los horizontes abiertos dan salida a cualquier proyecto; lo mismo que le sucede a quien es capaz de reconocer el suyo.

Si alguien logra sentir algo de lo que es, se está examinando a sí mismo, y percibiendo el avance de su ser.

Somos descendientes de otros seres que existieron y que procedieron a cumplir con lo que captaron que debían hacer. En este sentido, desarrollaron un nivel de conciencia, con lo que entendían que era la vida, muy por encima del nuestro. Cada vez más debilitados, hemos ido perdiendo los principales estímulos para conservar la vida con la mayor intensidad. Sin reparar convenientemente, por desconocimiento, en lo que nos estamos perdiendo, por no respetar las Leyes Naturales.

Vivimos fuera de lugar, dándole la espalda a la Fuente de la Vida. Con lo que conseguimos renunciar a la suerte de poder sentirla con la fuerza que nuestra propia necesidad nos solicita para ser libres; lo que precisamos conseguir para corresponder a la intención de Dios de librarnos a todos de la maldición que nosotros mismos nos hemos echado.

Desconocemos que somos prisioneros de fuerzas que nos han ido dejando el rastro de sus actos violentos y agrios. Con un crucifijo por medio que estimula el poder de Satanás, por su triunfo inmerecido de ver al Hijo de Dios crucificado con "sus propias manos", a través de otros seres, inducidos por Él. El tiempo de aquella tragedia ha pasado. Ahora ha llegado el de razonar con esmero sobre lo que debemos hacer, con el propósito de no volver a caer en tentaciones tan graves.

No podemos evitar lo que hacen otros. Sí, detenernos a pensar, como piezas claves que somos, en el bien que nos es posible hacer. Seremos como estrellas del firmamento, con los horizontes abiertos a los sueños realizables de quienes, aún, sienten añoranza por coger una rosa sin espinas en sus tallos; la que existe como una palabra dibujada en la boca del Hijo de Dios. No pronunciada, pero sellada con Amor; el origen de la rosa. Y con la traición, el de la espina; lo que quedó como un sello que traspasa nuestras almas y nos hace palpar las fragancias de las rosas, y sentir el dolor que producen las espinas, aunque no sean las mismas que le clavaron al Hijo de Dios en su cabeza. Con esta repugnante acción del ser humano, se potenciaron las victorias del Diablo, con más conciencia de la que jamás se había tenido. Dando coba con su suerte al mundo. Traicionándolo así, bajo un poder disfrazado; con el que ha conseguido corromper las odas más puras del Cielo.

La responsabilidad de cualquier criatura nacida de avanzar en su evolución para sentirse lograda, le corresponde a ella misma. Si bien es cierto que recibe la influencia de otras que le pueden alterar, para bien o para mal, el estado natural de su conciencia: La resonancia magnética del espíritu, que permite ver a cada ser la esencia de su identidad. La conciencia es el escudo moral de la inteligencia, que apuesta por la anulación de la tentación del Mal. La que nos viene condicionando, en proporción inversa a la particular capacidad de respuesta que cada una de las criaturas desarrolla frente a Este.

El alma del mundo está enferma. Necesita curarse con el extracto de su liberación. Deberá arrancarse, de cuajo, la raíz de la semilla envenenada del Mal, respondiendo a la razón de la exigencia que sienta sobre lo que ella misma se indique. Será lo que tendrá que entender para soltarse de la cuerda que la sujeta en el extravío de su pureza. La verdadera causa por la que pocos seres humanos caminan en la dirección elegida por su propia voluntad, para ser rosa y espina; hasta llegar al rosal y a su esencia concebida. Con el fin de poder percibir el fundamento de la espina para existir, y el del rosal para haberla engendrado.

En los pétalos y en las espinas de las rosas se da el encuentro entre la razón fecundada para que podamos lograrnos, y la originada para alejarnos de la vida. Si esta última venciera, se cumplirían las fanáticas perspectivas del Mal Viejo de acabar con todo lo que es del Bien, sin ver que avanza hacia su agonía.

Nuestras vidas nos pertenecen, como las ilusiones que marcan la suerte.

Es tiempo de ceder, cuanto nos sea posible, para allanar los caminos y calmar los ánimos del mundo. Quien se resista a ello, perderá hasta los zapatos, con el objetivo de que no pueda seguir destrozando las sendas de los que caminan descalzos.

Nos orientaremos para el buen hacer, con claras razones para mejorar nuestro estado de ánimo, con el propósito de que, sin sobresaltos, podamos corregir lo que nos siente mal.

Nadie que aprecie la vida podría originar los males que se están produciendo, ni las torpezas que los provocan, si en su espíritu no incidieran otros flujos espirituales con intenciones diferentes a los suyos.

Hay que distinguir entre lo que por nosotros mismos somos capaces de realizar, y lo que hacemos bajo el poder del dominio de otras fuerzas. Las que, ocultas o no, nos arrojan las órdenes de sus deseos y nos pueden someter con ellos a la corriente de sus ansias, hasta el punto de obedecerlas como autómatas. Algo tan habitual, que no somos quienes podríamos ser, ni seremos las mismas personas después de conocer la Verdad y sentirnos libres. Necesitamos aprender a evitar que nos sigan cruzando la cara con la suerte del revés, y medrar en el amor.

Ni la más profunda reflexión me daría la certeza de querer estar aquí diciéndote lo que te digo. Lo hago para corresponder a la voz interior de tu ser, que me lo pide, a la vez que a la mía propia, para que podamos sentir la necesidad de compartir lo que nos pertenece, sin resbalar en nuestro destino.

Ni la Tierra ni sus frutos serían lo que son sin la fuerza que los concibió; capaz de dar de ella lo que engendró de otra que la precedió en el tiempo y en la forma. Y así, basándonos en los ascendientes y descendientes, podríamos ir descifrando los eslabones de la cadena humana a la que pertenecemos; imposible de contemplar físicamente, excepto en las generaciones más cercanas, incluyendo la nuestra. Sin embargo, podemos saber de esta, en qué estado de evolución se encuentra, desde el radar de la confidencia espiritual, que nos permite captar, de las fuerzas, lo que ellas mismas revelan de su Conciencia Eterna. Se consigue por mediación de los sentidos extrasensoriales, que se abren a posibilidades desconocidas, puesto que solo se pueden dar mediante la sincronización entre las fuerzas que existen en los niveles más altos de la evolución. Desde estos se perciben las emociones de otros seres que se manifiestan, respondiendo a sus propios motivos para hacerlo; y se resistan o no, ya que no hablan sus mentes, sino sus espíritus.

Yo amo a la Tierra, ¿y tú? En ella hemos nacido de un vientre que recibió la semilla de nuestro ser para darle vida y forma física; por lo que somos padres, madres e hijos, a la vez, en cuerpos y en tiempos diferentes. Directos de la Vida, formamos parte de la existencia de Dios, por la misma causa que por la de nuestros padres.

Reunir las cualidades para entender y respetar lo que nos une en la vida, pertenece a la capacidad de cada uno, valiéndose de la facultad de su intelecto.

Los reveses que viene sufriendo la Tierra desde el principio de su existencia, son grandes y frecuentes; forman parte de la inestabilidad que padece. Incubada permanentemente por el Sol, acude a su memoria para seguir dando sus frutos. Pero, cada día le cuesta más producirlos sanos. Deberíamos ser más respetuosos con la Tierra, y guiarnos por nuestras necesidades naturales, atendiendo a las razones que nos despierten la sensatez sobre cómo tendría que ser nuestra relación con la misma, sin resistencias que nos condenen. De este modo, veríamos cada gota de sudor de nuestra frente como un manantial que expresa lo que es y lo que siente.

Estamos tan aletargados, que nada nos hace creer que existimos, aunque formamos parte de la Vida. Padecemos una profunda desazón con esta, como consecuencia de no estar haciendo las cosas bien. Tenemos que sacar pecho con pundonor, en vez de con tanta soberbia; de la que tanto nos cuesta tirar , debido a que pesa más que la nobleza que da el tiempo con el gusto del amor.

Todos los ángeles del Cielo cantarán al unísono cuando comprendamos el error que vivimos, enfrentados como soldados de acero, unos, y otros de fuego, prendido contra nosotros mismos como humanidad.

Sacaremos la cabeza de debajo del alero del pájaro de mal agüero, y sabremos que estamos viviendo los últimos días de las peores pesadillas. Todo se aclarará, y pestañearemos libres; por derecho y reconocimiento al Bien. Lo que nos hará sentir que, sin Él, únicamente somos sombras perdidas en nuestros desórdenes, arrastradas por las corrientes malignas.

Ni por un instante dudó Dios de que su Obra fuera la correcta. Habrá que esperar a que nos dé la Señal que todos esperamos en el fondo de nuestra alma; y desempeñaremos nuestro papel a modo individual. Es como nos tendremos que definir en el proceso del Bien, que ya ha comenzado.

En un mundo que peregrina sin parar, quienes viven embelesados en argumentos extraños e impropios, han de saber que, por muy ofuscados que estén, no tendrán más remedio que conocer cuándo han de renunciar al archivo de sus cinismos. Lo que harán con la intención de emprender un nuevo concierto con la vida que arranque de raíz el sufrimiento que provocan y se provocan. Viejos en las maldades que desatan las iras, deberán realizar un gran esfuerzo para descoser los puntos mal cosidos de su vida, y empezar, nuevamente, a coserlos con manos inofensivas e hilos dorados que rezumen amor. No necesitamos maldiciones, sino Curas del

Espíritu que nos sanen también el cuerpo de todo lo que nos enferma y mata.

Lo que se habla con conocimiento y buena intención, no siempre es bien interpretado o asumido por quien lo escucha, sino que, con frecuencia, este último, se queda circunstancialmente frenado en el eje de su camino y de su tiempo, por resistirse o no entenderlo. No por ello, el argumento perderá su esencia y la fragancia de los versos que siente quien habla. Si por el contrario, quien escucha, lo hace con esmero, lo acariciará y escribirá sus propios versos en las fértiles páginas de su obra personal.

No digas nada si tus palabras se ahogan. No escuches a quien, con las suyas, te ofenda. No doblegues tus caminos hacia el lado opuesto al de la vida por alguien que no te acompañe. Los vicios de la humanidad son fuertes; atrapan y hasta matan. No dejes tu alma a la intemperie cuando las luces de quienes te rodean se apaguen y todo oscurezca; nada nos causa tanto daño como no querernos a nosotros mismos. No caves hoyos para enterrarte. No prendas fuego para quemarte; da pie para lo bueno, sin glosar lo que no conozcas bien. Estamos de paso, solo por un momento, del que no sabemos discernir lo que este supone para el resto de nuestra existencia. Somos de ayer, de hoy, de mañana y de siempre; espíritus con cuerpos adaptados y adoptados; de los que, unidos al Universo, recibimos la vida.

Cuando descubras que en mis palabras, escritas en esta obra, están tus verdades, te ampararás en ellas y las descifrarás como odas escogidas para hacer de las mismas tus días libres. Lo conseguirás si aprecias el sentido que tienen.

Detén tu espíritu, hermano.

Disciplina tus sentidos;

acude a tu fiel razón

por la que en la Tierra vives.

Detrás de nuestros tropiezos, los caminos siguen; es cuestión de recorrer la parte que corresponde de cada uno para lograrnos. No obstante, no es suficiente con caminarlos, sino que, para que nos luzca, es primordial que lo hagamos en orden con nuestros sentimientos. Después de unos hay otros; los caminos continúan. Nosotros nos detenemos en nuestro destino, como puntos blancos o negros, que se van oscureciendo o aclarando, según el proceso de nuestra evolución. Esto viene sucediendo desde que el Código del Espíritu Maligno se soltara de sus infiernos y nos infectara con sus desalientos y deseos de ser el diseñador de la vida, por encima del margen de la Obra de Dios. Desde entonces, unos más y otros menos, hemos ido perdiendo vitalidad positiva, a la vez que alejándonos de las líneas de nuestro hado; bloqueando así, nuestra orientación, desplazándonos a nosotros mismos del cauce de nuestra existencia. La que había sido programada por el Ser Sobrenatural que surgió del milagro que Él mismo había alentado desde el poder de su espíritu.

Todavía tenemos tiempo, si lo sabemos aprovechar, de sacar la cabeza de debajo de las alas del pájaro de mal agüero que nos tiene atrapados, y echar a volar, desde el punto de partida de querer enlazar nuestra vida con la de Dios. Él nos ayudará, como siempre lo ha hecho. Si despertamos ahora, y reaccionamos como es debido, seremos conscientes de ir por donde Él existe, y no al contrario.

Venimos dando la espalda a la vida, caminando hacia el lado adverso al de la misma, por lo que no hallamos las respuestas que de ella esperamos. Lo que encontramos yendo al revés, son cimientos enloquecidos que engullen los alaridos y las pesadillas de la incalculable cifra de seres abatidos por los poderes vanidosos y desquiciados de un viejo Mal que, aún así, sufre cuando no puede causar más daño.

No podemos seguir siendo tan ingenuos, asidos a planes con un fundamento que no corresponde al de vivir con el alma abierta a la vida, y el corazón latiendo con el ritmo natural del amor. Nos comportamos como perpetuos adolescentes. Sin el rigor, que deberíamos tener, sobre aquellos valores que determinan nuestro modo de vivir. Lo que nos priva de ser más prudentes, justos y lúcidos, para ir anulando nuestra pereza y activar nuestra voluntad.

Precisamos partir de una intención clara que nos ayude a proporcionarnos a nosotros mismos el resplandor de vida que nuestro ser necesita. Así, podremos realizar la obra que a cada uno nos corresponde; por ahora, sellada con una doble intención, completamente inmoral: La de ocultar la auténtica identidad de la fiera que viene devorando nuestro sistema de convivencia; sistema planificado por el Salvador del hombre, a quien el mismo hombre, le negó hasta el derecho a la vida, con el peor y más destructivo ensañamiento. Y la de "marear la perdiz" con acercamientos a un falso dios que viene demostrando que su verdadera identidad es la de un ser que juzga y engaña; nada que ver con el que nos dio y nos sigue dando la vida.

Trascender:
La razón de nacer

La razón por la que el ser humano ha de trascender al Universo, es la misma que por la que nace. Cada uno vive en su propia existencia, imprescindiblemente vinculada a la Ley del Universo y a las características de la Creación, aunque no tenga con Él una buena relación. No todos coincidimos en los valores desarrollados, antes y después de nuestro nacimiento, al haber vivido experiencias distintas, desde las de nuestro alumbramiento universal. A partir de entonces, hemos ido cayendo en trampas que nosotros mismos nos hemos ido poniendo. Lo que ha provocado una disminución progresiva del alcance que tuvimos para resistir al poder del Mal, y evitar que entrara en nuestras vidas.

El tiempo y los continuos avasallamientos de un poder empedernido, nos ha ido ganando terreno, a base de catapultarnos a destinos sin rumbo. El desatino humano volvió a quedar latente cuando se atentó contra el Hijo de Dios; rechazando y malogrando la oportunidad que se nos brindó para liberarnos del Mal. Se repitió, de este modo, la traición que había sufrido su Padre, a nivel de los astros que se rebelaron contra Él; de los que procedemos. De ahí que sea de una importancia sublime, que arranquemos de raíz la victoria enferma de quienes no dan su brazo a torcer, sabiendo que están en un pecado mortal, con el que no pueden más, porque hasta para andar les pesa. Lo que trasciende al resto de los seres humanos, por mediación de la posesión que se deriva de la proyección del espíritu maligno que se filtra en otros espíritus, a través de la sincronización colectiva. Por este motivo, sufrimos el mal propio y ajeno, aun cuando no seamos conscientes de ello; no siempre somos afectados directamente, pero sí repercutidos desde las más diversas formas y maldades para causarnos daño.

Todas las criaturas nacidas en la Tierra remanecen de los principios del Mapa Universal, instalado en el Corazón de Dios para que Todo empezara a latir con Él. Somos hijos y hermanos suyos. Sus generaciones también son las nuestras;

modificadas en sus diversos aspectos, por las diferentes etapas de vida; en las que hemos ido alterando nuestra condición y estado general, al precipitarnos al singular vacío de lo desconocido. Tenemos que agradecerle a Dios que en el momento de nuestra caída, para que pudiéramos seguir con vida, estuviera en el Cielo y en la Tierra; en la que permanece su esencia y su presencia.

La mente es el poder que rige entre el Bien y el Mal sobre la fuerza del espíritu; la que lleva la corriente de lo que acumula y despeja.

Estamos sujetos a la simpleza del ánimo, con un lucero apagado en los ojos y una vela encendida en la frente. No tenemos claro dónde pararnos para ser bien recibidos. Y siempre damos la vuelta por el mismo circuito de una espesa soledad que nos cuesta sostenerla en los brazos de una interminable espera a que el mundo sea mejor.

Deberíamos centrarnos en aprovechar hasta la más diminuta y efímera mueca del poder de la vida. Aprender a demostrarnos a nosotros mismos, que sabemos vivir sin originar el menor daño. Esto nos abre la mente a la singladura del conocimiento sobre nuestro propio derecho a vivir en paz, sin que, para ello, tengamos que mendigar lo que otros nos roban.

Nos azotamos cruelmente, con el látigo de los perjuicios más desordenados, al no tener en cuenta que nos venimos resbalando, por nosotros mismos, uno por uno, a un pozo sin fin.

Estamos siendo empujados por las corrientes que crean y que institucionalizan quienes pueden ejercer sus potestades hacia el Bien. Como nosotros, pero con la gran diferencia de que disponen de todo a su favor para influir de forma masiva, a que, entre todos, podamos plantar el primer rosal sin espinas. Hacer del mundo un ejemplo de legalidad y dignidad, que justifique sus presencias en los puestos relevantes que ocupan y desde los que nos dirigen. Del modo que lo vienen haciendo, caen y nos arrastran al abismo de lo irracional. Se convierten así, en seres ofensivos y humillantes que intimidan a quienes, como ellos mismos, en el fondo de su ser, lo único que queremos, es vivir en armonía con los argumentos auténticos de la vida; los que acaban constantemente pisoteados. Destruyéndose, de esta manera, el honor y el derecho a una buena convivencia. Soy consciente de las dificultades. A pesar de ello, estoy convencida de que todos podemos contribuir a salir del abismo y a construir un mundo mejor, para nosotros mismos y para los que han de venir.

Cuando abro mis ventanas y veo el Sol, veo también a Dios. Ello me alienta para seguir creyendo que, un día, se nos moverá el alma y se nos caerá de ella la maldad, en unos casos, y las penas, en otros.

114

No es mi intención minar la moral de nadie. Sí, la de que salga el Sol para todos y nos veamos propios de la identidad que nos corresponde, sin láminas de vidrios opacos en nuestros ojos que interrumpan, por más tiempo, la mirada limpia y tierna de nuestra conciencia.

Toda criatura nacida en la Tierra, impulsada por su propia capacidad para nacer, guarda en su espíritu la causa que tuvo para hacerlo. Con ella deberá encumbrar para realizarse. Es lo que deseó cuando la sintió y le dio la fuerza para reencarnarse. Si no consigue encumbrar en la referida causa, sufre el efecto contrario, alejándose de su condición y de todas sus repercusiones. Esto puede llevarla a la sinrazón de su existencia, perdiendo motividad para querer existir. El espíritu se queda a la deriva, al dejar de sentir el valor de su propia vida y sus efectos para poder alcanzar la plenitud de la misma. Lo que da lugar a que se viva sin la esperanza precisa para lograrla.

Pocas criaturas guardan ya en su espíritu algo de los extractos puros que recibimos del Legado de Dios. Sin embargo, no seré yo quien te desanime para que pienses que todo se ha perdido, sin que pueda ser recuperado; no es como lo percibo.

Tras el desierto padecido, estoy consiguiendo sentir de las esencias que gozo, y que me llevan a creer que vivo para realizarme más allá de lo que he vivido aquí. Puedo captar, de mi espíritu, valores poco mundanos que me dejan apreciar los del Legado de Dios; ello me motiva a escribir para ti, por si de algo te pudiera servir.

Era muy joven cuando sentí los primeros avisos de mi gran desaliento. El sufrimiento me ahogaba, como algo extraño en mi ser; no era yo quien me lo causaba. Me llegaba por medio de otras personas que me producían el mal que tanto rechazaba; hasta que pude palpar la diferencia lograda por mí, entre mi propio deseo y el ajeno. Fue a partir de entonces, cuando empecé a concebir la esperanza de una vida cada vez más resuelta, porque podía percibir mi anhelo por sentirla con la fuerza equilibrada, sabiendo lo que quería vivir. Así, comencé a sentirme cada día más abierta a esa esperanza que acababa de descubrir. Acariciándola hasta advertir el extraordinario valor de nuestra conciencia; la que nos afecta de manera clara en nuestra razón para ser felices. Solo a través de la misma, podemos observar la disparidad entre el Bien y el Mal. La captamos gracias al entendimiento, para poder distinguir el valor de cada cosa. Y de este modo, reconocer los valores del Legado de Dios.

Para poder cultivarnos inteligentemente, nada tan importante como saber de nosotros mismos lo que nos influye. Es por mediación del conocimiento como se dan las respuestas que necesitamos para abrirnos a nuevas soluciones que nos acerquen a Dios, sin tener que soportar más incongruencias, apresados en el Mal. Esto, como resultado de no decir las verdades de lo que hemos vivido, para conocer el verdadero rastro del ser humano. Es primordial que retomemos el hilo del cordón umbilical que nos mantiene a todos unidos en el Vientre de la Vida, y despejemos los caminos con nuestro propio deseo de querer ver la transparencia del buen hacer del hombre y de la mujer que somos.

El mundo se mueve y se estremece en los envenenados aposentos del verdugo del poder maligno; preso, este, de su propia decisión de seguir aferrado a la cadena que arrastra.

Las ligas que aceleran el paso hacia el maldito hoyo de los difuntos a dedo, están empezando a apretar, cada vez más, en las piernas y en el alma de sus dueños. Se escuchan a sí mismos gritar por dentro: - "Se nos va la fiesta de las manos". Y empiezan a sentir un miedo que les muerde y les quebranta la risa cínica que, hasta ahora, han tenido. Sus bocas escupen el veneno que les inunda, y los esclaviza en las falsas piruetas del desatino y del egoísmo de sus mentes.

Vivir no significa solo existir. Son dos cosas distintas: Hay quien existe y no vive, y quien vive y no existe en el plano palpable de la Tierra. Todo apunta por encima de nuestras cabezas; apenas vemos nada de los hilos dorados que penden del Cielo para que nos cojamos de ellos y seamos de Él la parte que nos corresponde, sin dejar de ser de la Tierra.

Sentir que pude nacer me confirma haberlo deseado para lograrlo. Disfrutar de ello es lo que me pertenece; por lo que no debo dejar a la deriva el vigor que me une a Dios.

Todo sentimiento honesto nos conduce a los puntos abiertos de la Razón de Existir; puesto que es un ejemplo del candor de la vida.

El hombre puede asumir cuanto le aporte sabiduría sobre él mismo, ya que toda criatura inteligente es capaz de percibir lo que le afecta de su ser.

El acto de nacer se produce mediante la fuerza del ser que nace: La misma que la del Universo; de la que todos nos nutrimos para vivir. A la que se une igualmente la del ser que pare; que, con la aportación del esperma del padre, le da al nacido cuerpo físico.

Las criaturas necesitan el cuerpo para dar forma a la vida. Al no ser este, la parte esencial de la misma, se va desgastando hasta perder lo que es; si antes no sufre enfermedad o percance que acelere su proceso de vida; repercutiendo igualmente en su forma de vivirla.

Cuanto el ser humano toca, queda impregnado de él. Lo que conocemos, a través del mismo, está influenciado y repercutido de todo lo que es; motivo por el que, tras ser alumbrado, nos condiciona en nuestro desarrollo en general.

De una manera u otra, la trascendencia de todos los seres, tanto de forma individual como colectiva, nos deja secuelas; pues nuestro modo de nacer y el aliento de la vida son comunes. Las perturbaciones en ambos aspectos, nos traen consecuencias de diversa consideración, debido a que interfieren en nuestra propia reciedumbre, desde cualquier cuerpo vivo, al alterarse la del Universo; entre este y nosotros, existe una sincronización perfecta, de la que no siempre, sabemos sacar el mejor provecho.

El espíritu conserva, de forma innata, la memoria eterna. No existe nada que lo pueda suplantar. Se sostiene impecablemente unido al cuerpo. Pero, al mismo tiempo, no se roza con él, sino que se acopla a este por medio de la irradiación y del peso milagroso en el que la distancia se mide sin límites. Supera nuestras perspectivas para poder analizarlo, porque no se caracteriza con ninguna parte del cuerpo; es la clave incuestionable de todo lo que representa la vida. Nosotros, y el Universo en su conjunto, estamos dentro de esa misma clave. Y, a la vez, componemos la estructura de su fundamento. Ni por fuera ni por dentro del espíritu, sino en la evolución del mismo; a expensas de nuestra propia acción personal, para poder lograrnos y ser parte de la vida, sin atenuantes que nos impidan sentirnos libres.

El espíritu mantiene y mantendrá siempre el extracto de la vida. Guarda sus referencias; es la esencia vital de la existencia. En él se recoge lo que se ha reconocido, más allá de lo experimentado por el cuerpo al que pertenezca. Tras desprenderse de este, no permanece en el mismo punto. Para que pueda trascender, necesita moverse hasta crear un nuevo cuerpo con el que realizarse. Para, así, sentir nuevamente, con plenitud, su propia conducta; reconocida por mediación de su conciencia.

Se estremecerá el Mal en el silencio de la noche, en su ciega locura de querer arrasarlo todo. Se verá obligado a renunciar a su pasado. Cuanto haga, se le revertirá, por mil, contra Él, a partir del instante en el que Dios cuente su tiempo. Lo que hará con la intención de que se detenga y vea el camino que dejó atrás, antes de reconocerse a sí mismo con otra fuerza diferente, contrapuesta a la de la vida. El sillón que ha ocupado no será el mismo. Y su aciaga obra empezará a fragmentarse hasta lo impredecible para el ser humano. Los sueños del mundo serán distintos, y se prevé que el cinturón, con el que viene apretando, se suelte de él y prospere libre y bello, como alba flor que mira al cielo.

En las esquinas de las calles llenas de sombras paralizadas, se agita el alma de una humanidad que no sabe por dónde va. El oro atrae a una parte de la misma, y no está mal que la atraiga, puesto que es un metal noble de la Tierra; otra cosa es el sentido y el uso que se le dé. Mas, el verdadero oro, en sentido figurado, se encuentra en el alma del ser humano digno. Nadie ni nada tiene tanta capacidad para el bien común como el ser humano que progresa, dignamente, por las sendas del amor.

El Origen

Antes de contaminarse el espíritu del primer astro que se rebeló contra Dios, fue consciente de la envergadura de la traición que ya se dibujaba en el plano sutil de su devoción. Tras despreciar los avisos de su propia conciencia, se sublevó contra él mismo, al ser parte del Creador, y se dejó llevar por los impulsos que ya chispeaban en su alma, hasta hacerla tronar. El acontecimiento quedó como una muestra de advertencia que, todavía, desencadena el malestar propio de algo que nos dejó una terrible huella, como es el desamparo ante fuerzas que no podemos controlar.

Las chispas del alma del astro se apoderaron del poder del trueno, y se convirtieron en la señal dominante que lo precede: La del relámpago; la que perdura en el sino del hombre, ya que a él le corresponde devolver la calma a todo lo que contiene el Cuerpo de Dios en el mundo, como principal heredero del astro referido. El mismo que, en la desembocadura de su acción contra la supremacía de la vida, junto con su conciencia, perdió igualmente la razón, en un trance que le provocó el desvanecimiento de la referencia de lo vivido hasta entonces; motivo por el que, ahora, nos cuesta tanto volver a recuperarla, porque, poco o nada, se ha hecho a favor de ello, a lo largo de nuestra existencia en la Tierra.

La razón de que el rayo preceda al trueno se debe a que se libera de la carga de energía que contiene y, por eso, truena. Al descargarla, se oye el eco de la fuerza, que aumenta, de un modo incalculable, al desprenderse de ella de una manera directa. Por esta causa, el sonido que lleva se hace palpable al estrellarse contra la Tierra.

Vivimos ajenos a la verdad de lo que nos viene sucediendo. Más lejos de lo que vemos y más cerca de lo que queremos ver y comprender, nos seguimos perdiendo en los perniciosos cauces del Mal; en demasiadas ocasiones, evolucionando con Él hasta extremos inexplicables, por malos y soberbios.

Pocas personas están en condiciones de vivir intensamente en el Amor; lo que dificulta que se viva con plenitud. Necesitamos avanzar en su campo; única forma de llegar a conocer su prodigioso poder.

Debemos retomar la inocencia de nuestro nacimiento. De no ser así, nos seguiremos dejando la piel en el camino y escupiéndonos unos a otros el veneno que se va acumulando en el rincón más perverso de nuestro cerebro. En este, se está acelerando, en líneas generales, la invasión de un Mal desesperado por querer hundir, una vez más, sus manos en la Esperanza de Dios; quien espera a que, en una nueva escena de vida, sea el propio ser humano quien sienta la necesidad de ser quien fue, antes de que, con el cuerpo que entonces tuviera, se dejara arrastrar por las corrientes del tiempo, en el que se quedó atrapado en la fuerza del Mal. Este suceso se produjo al mirarse en el mismo espejo en el que se miró el astro que se rebeló contra Dios, como parte suya. Y, después, en el que se miró Satanás, como hombre, contra el mismo hombre.

El Sol volverá a brillar en el alma de todos los seres. Pero su luz se irá apagando, progresivamente, en los que la rechacen. Todo llegará a su debido tiempo; Dios no se ha olvidado ni se olvidará de nosotros.

Reunimos lo necesario para hacer frente a cualquier perspectiva de vida que nos acerque a su exuberancia, porque venimos de su plenitud. Que la hayamos perdido, no impide que la podamos recuperar. Lo conseguiremos dirigiéndonos por los caminos adecuados hacia el lugar donde quedó estampada, cuando dimos el salto de muerte hacia la Tierra o hacia otros planetas; perdiendo así, nuestra condición como astros. Un punto y un lugar que, desde la distancia, nos reclama para que volvamos a ser lo que fuimos. Mientras no acudamos a su llamada, seguiremos atrapados, sin poder soltarnos del terrible amarre que nosotros mismos nos hicimos y aún mantenemos. El poder de este, ha provocado que, en una inmensa mayoría de casos, nos hayamos aborrecido. Y por ello, dañado la gracia de la bendición de Dios. Nos hemos ido echando tierra encima, sin reconocer al hombre y a la mujer que tenemos delante... Nuestra fe y la suerte se nos han hecho añicos, por no percibir que ese hombre y esa mujer, somos nosotros mismos, puesto que son parte de nuestro propio ser; todos pertenecemos al mismo Cuerpo de la Vida.

En el punto donde dimos el señalado salto de muerte al vacío, se quedaron los Anillos del Amor; símbolos de la Alianza Universal. Estos, quedaron cosidos con los mismos hilos del amarre que nos hicimos; por lo que pocos matrimonios consiguen ser felices.

Abandonamos también los valores, de los que, apenas, logramos conservar una exigua parte de ellos. Al haber perdido, envenenados por el alma contaminante, casi todo lo que fuimos, nos hemos enfermado. Ahora nos toca liberarnos de esta, si queremos sanar y recuperar la salud espiritual, psíquica y física. Y el verdadero sentido de la vida.

Necesitamos despejarnos; sentirnos vivos y despiertos. Madrugar para alcanzarnos a nosotros mismos, e impulsarnos otra vez, con la finalidad de volver a ser los seres de luz que fuimos, antes de cometer el gran error de dejarnos llevar por los caminos equivocados; los que nos han conducido al gran desierto que vivimos, en medio de una maldad espeluznante que hasta parece normal, por cotidiana.

El reventón de los cielos se está orientando hacia una salida que coincida con el brote de una primavera que envuelva al mundo en su esplendor. Será la Hora de la Verdad, en la que el ser humano se encandilará con el signo de su origen, entre el Bien y el Mal, hasta sentirse claramente identificado.

El rumbo del mundo ha empezado a cambiar. La suerte del astro que se sublevó contra Dios se estrella contra su propia frente; lo que quiere decir que el Mal se está revirtiendo, con el objetivo de que nadie se vista con el luto que le corresponda a otro. De este modo, la justicia de Dios se representará a sí misma, sin más connotaciones que la suya propia.

Para saber lo que nos está pasando, es vital conocerlo y querer reconocerlo, sin escatimar esfuerzos necesarios que nos ayuden a descubrir la verdad que todos llevamos; de ella, somos herederos. Mas, para que podamos heredarla, hemos de saber, primero, que somos herederos y, después, querer recibir la herencia que se nos da.

De ayer a hoy, se viene marcando el tiempo, aunque no la razón de tenerlo por haber hecho un buen uso de él. Es indispensable que dejemos de fingir y establezcamos en nuestras vidas la prioridad de saber razonar y distinguir, con humildad, el Bien del Mal.

Todo está revuelto en la calle, en nuestra alma y en el firmamento... ¡Todo está revuelto! Las chispas del odio crujen en el corazón de las personas. Pese a ello, muchas se siguen abriendo a la vida, creyendo en ella. Los males podrían erradicarse, si dejáramos de alimentarlos. En nosotros está la llave que abre y cierra las puertas de la gloria y del infierno. Por lo tanto, es sencillo entender que, si queremos vivir libres, sin pesos malignos que nos tumben, tendremos que cerrar, a cal y canto, las puertas del Mal y abrir las del Bien de par en par. Todo está en el mismo tintero de la vida. A los seres humanos, nos corresponde escribir nuestros propios rasgos, seleccionando, del tintero, la tinta que necesitemos.

Deberíamos saber que el Cielo y la Tierra se unen para darnos vida. Y que, si seguimos despreciándola, seremos nosotros los que acabemos con la nuestra y con la de nuestro planeta. Aun así, a pesar de que ya está todo contaminado, estamos a tiempo de rectificar nuestra actitud, y sembrar, con las manos abiertas al amor, las nuevas semillas que perduran en la fe de quienes creemos en ellas, y esperamos que, en un futuro próximo, se siembren para todos; en lo que va a consistir parte del cambio que ya ha comenzado a darse en el mundo.

No podemos seguir elogiando lo que nos destruye, y excluyendo de nuestras vidas las responsabilidades que tenemos sobre lo fundamental de la vida. Habrá que amasar y repartir bien el pan para que nos llegue a todos. Será entonces cuando los frutos se multipliquen, y dejen de presentar el revés de la injusticia, para que todos podamos alimentarnos de ellos. En el momento que esto suceda, tendremos paz.

Las razones que el hombre tiene para comportarse como lo hace, surgen de sus sentimientos que, expuestos a sus pensamientos, con los que sustenta sus convicciones, consigue hacer fuertes los alicientes que siente sobre lo que valora.

Cuando nuestro ser explora sus giros con el firme deseo de ser libre, lo consigue.

El ser humano existe en la Tierra desde el primer latido de su corazón y el aviso de Dios; revelándole quién era, y la causa por la que estaba en ella. Lo recibió en el momento de caer en nuestro planeta, como partícula del astro que se rebeló contra Él, y que incitó y derribó a los que, de igual modo, cayeron con el mismo, con conciencia de sus actos. Y, por consiguiente, responsables de ellos; por lo que el hombre también lo es, a diferencia del resto de animales, que corresponden a otras reglas de la vida.

El argumento que Dios nos dio sobre el origen de nuestra existencia en la Tierra, permanece en nuestro espíritu, aunque no lo recordemos mentalmente. El cerebro pierde las referencias de lo vivido, en el instante que muere con su cuerpo. Mientras que el espíritu las reconoce siempre, debido a que no perece. Ahora, lo escribiré para ti; por quien voy a llevar a mi mente al entrenamiento de la luz que se enciende en mi cerebro, cuando entro en mi espíritu con él, y puedo desentrañar lo que escribo en las líneas de mi destino; las que comparto contigo:

El argumento que Dios nos reveló consiste en que: Nosotros somos el motivo de su existencia, y Él, el sentido de la nuestra. Por lo que necesitamos fundirnos, de nuevo, en el AMOR, para SER TODOS DIOS.

Lo que se cumplirá, por mucho que nos cueste asumirlo y conseguirlo.

Dios se hizo a sí mismo. Nosotros seguimos su ejemplo. Y como almas caídas, conseguimos un cuerpo para lograrnos espiritualmente, puesto que somos parte suya y nostalgia de su espíritu por habernos separado de Él.

La causa de que Dios creara dos cuerpos diferentes, macho y hembra, sabemos que fue para posibilitar la reproducción, de la que surgen nuevos cuerpos vivientes, a través de los espíritus reencarnados; fruto de experimentar el gozo del amor, mediante el sexo.

Cuando dos personas del mismo sexo se aman, son conscientes de que, por ellas mismas, como pareja, no pueden tener descendencia; lo que no les impide amarse, y que sientan el amor con la misma fuerza que cualquier otra pareja heterosexual, por lo que es un amor innegable.

Ser macho o hembra no mueve los cimientos del mundo, sino que los mueve el amor y el odio. El amor para la vida, el odio para destruirla.

Estamos constantemente sujetos al botón inestable de la condición humana. Nos cuesta retroceder en los caminos, soliviantados, incluso reventados, por la acción demoledora de nuestra especie. Sufrimos por como somos. Sin embargo, no rebajamos el tono de nuestra soberbia, a pesar de que, muchas veces, se nos vaya la vida en ello.

Sacamos conclusiones destructivas sobre los demás; como si el hecho de ser diferentes a nosotros, nos permitiera excluirlos de los derechos de un mundo que es nuestro, porque es de todos.

Los cimientos que sostienen el pulso de la vida, no especifican que sean de ningún dueño en concreto, sino que pertenecen al mismo Legado de Dios para todos.

Es tarde para esquivar los grandes males que ya se han consumado. Pero no para apreciar los que podemos evitar, si nos detenemos en el cruce que separan los caminos del Bien y del Mal, y nos bajamos del caballo que galopa en la traición.

Profundizar en la humanidad, por encima de lo que vemos, es querer saber de ella lo que ignoramos. Alejarnos de nosotros mismos, por las dificultades que sean, nos lleva a la discordia con el Universo; lo que interrumpe y daña el proceso que nos enlaza, en cuerpo y alma, a la vida. Con ello, nos perjudicamos, de modo más o menos grave, según nos distanciemos de nuestra esencia, en la salud y en nuestra suerte, en general.

Muchas noches me despierto

más allá de lo que siento

y más cerca de mí misma

con el olor de tu cuerpo.

Y van llegando hasta mí,

mil corazones desiertos

de otros mil cuerpos vencidos

en un aliento siniestro.

Todos ellos respondían

al calor de mi silencio.

En mi cuerpo se prendía

una llama desde el cielo.

Era una llama encendida

en mil colores revueltos.

Y de ella me llegaban

los más fúlgidos e intensos.

Era una llama encendida

a lo largo de mi cuerpo.

Por su luz, la comprendí,

y acaricié su gran fuego,

elevando el alma mía

hasta fundirla en un sueño;

con el que pude llegar

a la razón de tenerlo.

En el sueño del árbol que pierde sus hojas, la nostalgia palpita en su afán de echar otras nuevas. Las líneas de la vida ya están trazadas en él, y lo que ha de hacer es comportarse como el árbol que es. Se valdrá de su origen para ser fiel a su propia necesidad. Y se dedicará a ejercer su poder, correspondiendo a la naturaleza del sentido de su existencia. Así deberíamos actuar el resto de los seres de la Tierra para, entre todos, producir no solo los frutos, sino, de la misma manera, el equilibrio; imprescindible para que la Madre Naturaleza se mantenga con el mismo, y pueda tener una conducta con el rigor del don con el que fue dotada por Dios. Él la inhibió en el milagro, con el fin de que fuera soltándose y desprendiendo su capacidad, según la necesidad que el mundo tuviera.

No podemos creer en el destino, si cerramos los caminos hacia la gloria, y abrimos los que conducen al infierno. Quedamos fuera de juego, porque nos dejamos llevar por la corriente que nos envuelve contra el amor, y nos atrae con alicientes mundanos.

Perdido el rumbo, para volver a encontrar el auténtico, no nos queda otra alternativa que reavivar nuestros mejores sentimientos, dejando fuera de nuestro sino los senderos que nos separan de los que llevan a la gloria. Por muy lejos que estos hayan quedado, podemos encontrarlos, otra vez, si, de verdad, nos lo proponemos.

Las victorias falsas son ciegas. Las verdaderas dejan luz para que la humanidad vea.

Somos sujetos en vilo, responsables de nuestros conflictos. Pese a ello, nos medimos con el Alma de la Vida. En el fondo, todos aspiramos a ser mejores, aun cuando estamos inmersos en grandes errores.

Si disponemos de un conocimiento sabio sobre lo que realmente nos hace bien y mal, y de un comportamiento acorde a nuestra auténtica necesidad, la historia de la humanidad cambiará; seremos pequeños astros, con la luz precisa para descubrir nuestro extraordinario poder para realizarnos.

Tenemos un corazón que late. Se agolpan el Bien y el Mal en las corrientes que nos envuelven y él lo vive. Es el órgano que suma las cifras de todo nuestro organismo, ya que, de él, mana la fuerza que mueve la sangre... ¡No puede haber nada más grande que el corazón y la sangre que dan la vida!

De conocer lo que nos conviene y lo que no, desde todos los niveles viables, podríamos elegir lo mejor para completar nuestro destino en la Tierra. Pero, si ni siquiera apreciamos su valor, ¿cómo podemos mejorarlo para favorecernos? Tenemos que situarnos, primero, convenientemente, desde las oportunidades que se nos den, y recorrer el camino preciso, con el propósito de llegar a la meta.

Poca gente se halla bien situada en la puerta que abre su hado a la vida, caminando despejada en la dirección correcta. Las confusiones, enredos y los pasos descontrolados, que son extraordinariamente frecuentes, nos alejan de las líneas de nuestro azar, y nos impide que nos logremos en él. Las causas son diversas, pero siempre es la constante erupción maligna la que pesa contra la suerte del hombre.

Los caminos son para recorrerlos. Nosotros somos los que necesitamos ocuparlos, para ir dejando en ellos esa parte nuestra que nos va identificando; huellas imprescindibles e imborrables que vienen afectando, de un modo u otro, al conjunto de los seres que habitamos nuestro Universo. No estamos recorriendo los senderos como nos corresponde hacerlo. Y, por este motivo, la fuerza de la Madre Tierra está dando síntomas de agotamiento, para avisarnos de que, si no nos alimentamos de ella, con el propio y natural estímulo de la vida, al igual que le sucede a las madres lactantes, cuando sus hijos rechazan la leche materna, esta acabará secándose.

La verdad es nuestra y la mentira también. Si queremos llenar nuestra vida de gloria, tendremos que saber abrirnos a ella.

Necesitamos dejar nuestras huellas por donde pasamos para que podamos reconocer los rasgos de nuestra identidad, tal como los creamos. Sería imposible señalarlos de otro modo, teniendo en cuenta que, en nuestro planeta, se vive con ideales poco dados a marcar las pautas del destino con las reglas de medir que la propia vida enseña; haríamos más garabatos que señales claras, lo que nos confundiría aún más de lo que ya lo estamos. Es elemental que reconozcamos nuestros propios rasgos con el objetivo de que podamos apreciar, sin error, el valor de lo que hemos desarrollado. Por esta razón, cuanto vivimos se queda registrado en las líneas de nuestro destino y en nuestro espíritu. Así se nos garantiza la posibilidad de poder rectificar lo que consideremos conveniente con plena legitimidad.

Al final de cada ciclo de nuestra existencia en el planeta, la llave de la gloria o del infierno obrará en poder de cada uno de nosotros, marcando niveles distintos. En el infierno el tiempo pasa muerto, con sufrimiento. En la gloria, nada más entrar por su puerta, se penetra en la luz que produce el amor y se empieza a sentir el calor de la vida.

En la suerte del mundo se suman las caricias del Cielo. Desgraciadamente, las contrarresta las terribles fechorías de un Mal ofuscado y destructivo, que viene tirando por la borda el Bien que nos pertenece. Únicamente con visiones claras y prudentes, podemos confirmar las inconfundibles señales de Dios como son; jamás de otro modo.

El valor de la vida

Cayó una uva en la cabeza de quien la confundió con una piedra. Tras rebotar esta, sobre la mesa en la que estaba sentado, en un impulso, la cogió y la lanzó a su vecino que, en ese momento, pasaba por allí; creyó que este se la había tirado, sin caer en la cuenta de que estaba sentado bajo su propia parra. El vecino, sin decir nada, la recogió, sacó la semilla y se comió la uva. Después, la sembró y, con el tiempo, se convirtió en la parra que esperó. Cuando quien le había lanzado la uva, la vio crecer y dar hermosos frutos, sintió una envidia que lo corroía. Una noche, con el sueño perdido, se levantó lleno de ira y arrancó la parra del vecino. A la mañana siguiente, al descubrirlo este, cogió las uvas del suelo e hizo la misma operación que con la uva que le fue lanzada.

A los años, su terreno estaba repleto de parras con dulces uvas para comer. El vecino envidioso, acumuló, por ello, tal rabia que entró de nuevo en cólera, y empezó a arrancarle las parras con tanto énfasis, que cayó rendido al suelo. El buen vecino que lo vio, sin mediar palabra, le ofreció una jarra de zumo de las parras caídas. Aún exhausto, el intruso, reaccionó de forma violenta, tirando la jarra, rompiéndola contra el suelo. Su vecino, disimuló creer que se le había caído. Llenó otra, y se la volvió a ofrecer. El hombre, todavía enfurecido, la rechazó igualmente con desprecio. Y así, se repitió, hasta desperdiciar el jugo de todas las uvas.

El buen morador se fue a su casa a por un vaso de agua para ofrecérselo al desdeñoso hombre. Cuando regresó, se lo encontró intentando beber el zumo del suelo; se estaba asfixiando. Ya no tuvo tiempo de recibir el agua. El buen vecino volvió a sembrar las parras para alimentarse de ellas, y con la intención de seguir ofreciendo jarras de zumo a quien pudiera necesitarlas, fiel a la vida.

En todos los seres de la Tierra coincide una fuerza común para que puedan moverse. La forma de ser de cada uno, es la que hemos ido adquiriendo a través de nuestra andadura universal, por lo que nadie camina igual.

El pan que se sirve en la mesa, no es el mismo en todos los lugares, ni tampoco tiene por qué ser de la misma cosecha. Todo es pan, pero solo a unos pocos les llega con la abundancia necesaria.

De ello, se deriva la mayor tragedia para un mundo que ignora que el aliciente de la vida nos invita, constantemente, a ser más fuertes y profundos cuando echamos en falta el amor humano.

Alguna vez nos hemos preguntado sobre qué fue primero: El huevo o la gallina. Fueron los dos al unísono. Surgieron en el momento preciso del milagro de la vida, para darse como gallina y como huevo.

El solo hecho de existir nos indica que somos capaces de sentir el valor de la vida, lo que no quiere decir que lo estemos teniendo en cuenta. Y, si no se valora, es como no sentirlo; cuando se ignora, se pierde la razón del mismo.

Quienes consideran que lo que está sucediendo en nuestro Planeta se debe al mal uso que se hace de Él, están en lo cierto. Además de que poco o nada hacemos para fomentar el bien e ir progresando, como ocurre con cualquier empresa. Por este motivo, nos estamos engañando miserablemente si creemos que no nos está afectando. Y si el suelo de la Tierra se pierde, se perdería cuanto hay en ella, ya que todo desaparecería con él. Por eso, no llego a comprender por qué se le trata tan injustamente si de ella se esperan todos los beneficios; de nada servirá amasar fortunas si su valor básico se nos va.

Lo que ahora sucede, respecto a los cambios climáticos, es consecuencia del propio ser humano, que ha alterado lo fundamental de la vida. La Tierra está siendo ferozmente castigada en todas sus vertientes; recibe el mal de nuestro espíritu, como un veneno proyectado a través de la energía que movemos, conozcamos, o no, su poder.

Si se supiera del valor y la repercusión de cada diseño de vida, serían muchas más las personas que ayudarían, de alguna forma, a mejorar el planeta. Una manera de hacerlo es usando el poder del pensamiento en positivo, puesto que es, por mediación del mismo, como podemos llegar a toda razón exacta de cualquier nivel.

El pensamiento es el poder que tenemos para razonar la trascendencia de lo que percibimos y sentimos.

Lo que pensamos queda impreso en el cerebro, con la ayuda del espíritu.

El cúmulo de lo pensado es el resultado de un trabajo consciente mediante el pensamiento.

El valor registrado es el del contenido. Y, según haya sido el pensamiento, dará un resultado. El Bien y el Mal del mismo, corresponde al extracto del contenido de lo registrado. El resultado, es idéntico al de lo guardado; lo reconocido.

El efecto causado, la respuesta a lo sentido. Y de esa respuesta, el nivel obtenido en cualquier sentido de lo pensado.

El sentido desarrollado es el valor del pensamiento; que nos está afectando sobremanera en nuestro modo de vida.

Sin el poder del pensamiento no podríamos alcanzar ninguna meta; no sería posible valorar nada, al carecer del medio imprescindible, para poder calificar cualquier cosa sirviéndonos de él. Es por medio del mismo, como lo vamos registrando todo en nuestro cerebro. Y, a partir de este, comenzaremos a beneficiarnos o a perjudicarnos, dependiendo del resultado que nos produzca lo que hayamos pensado. De ahí, que considere sumamente importante que reconozcamos su valor para saber utilizarlo, siempre a nuestro favor; única manera de disfrutar de él.

Pensar sin tener en cuenta el alcance de lo que se piensa ni la repercusión que puede originar, es despreciar su valor, debido a que nos afectan las fuerzas que movemos con el pensamiento. Quien lo alimenta del Bien que le rodea se abre a la vida con entusiasmo y lo estimula con su fuerza; lo que quedará registrado en su mente y en su espíritu, causándole beneficios. Quien, en cambio, lo hace del Mal, se abre a lo contrario a la vida, perjudicándose, al negarse cualquier posibilidad que esta le pueda ofrecer. Así que, el pensamiento es el sentido que nos permite saborear, con la plenitud de nuestro ser, lo esencial de nuestras vidas.

Hemos sido engendrados por nuestros padres para una nueva oportunidad de vida en la Tierra. Lo que entraña el deber moral de considerar, por nosotros mismos, el poder que tuvimos para nacer en ella. Antes de existir aquí, tal como somos, pertenecimos a otro cuerpo con capacidad del Bien para dar la vida de él.

La Rebelión:

La lucha del Bien y del Mal

El tiempo trascurrido desde que las partículas de los astros caídas en este Planeta se lograran como seres humanos, fue el mismo que el de su existencia como astros. Estas, al ser parte del mismo espíritu, no notaron la diferencia de la trasformación hasta después de convertirse en lo que hoy somos. A partir de entonces, hemos caminado tanto en dirección opuesta a la de nuestro hado, que estamos lo suficientemente perdidos y descontrolados como para necesitar encontrarnos.

Hemos sido Astros antes que Seres Humanos; lo que motiva que nuestra conciencia esté por encima de nuestros actos; corresponde a la Fuerza Originaria de los Latidos de la Vida, precediendo a toda razón o fuerza humana.

Si el origen de la vida en la Tierra se debe al de los astros, el nuestro es, a la vez, de ambos; causa por la que nos sentimos cuerpo y espíritu, al estar formados por la esencia espiritual de los astros y la sustancia de la Tierra. El valor de la diferencia que entre ellos se capta es lo que sufrimos, al no sentirnos plenamente realizados entrambos planos, inmersos en nuestra propia adversidad, como fruto del desconocimiento sobre lo fundamental de la vida.

El germen por el que los astros rebeldes sintieron envidia, procede del origen del mismo Bien.

Durante el proceso en el que Dios comenzó a lograrse como Ser Universal de Todo, sufrió la adversidad del cansancio, más allá de su deseo de continuar trabajando y de su intención de hacerlo. Y como todo se quedó registrado en su empeño, de igual manera creció su voluntad dentro de su mismo cuerpo, dando lugar a las dos fuerzas: La del Bien y la del Mal.

Primero se dio la fuerza buena; fue la que Él eligió para trabajar, a pesar de que, también, la mala se diera como contradicción, aunque no, aún, como fuerza malhechora, sino negada, y por consiguiente, rezagada. Después, se produjo en esta, el resultado de la insatisfacción, que se fue acumulando en ella, y que el Creador ya no controló. Sentía el ímpetu de la que Él iba desarrollando con tanta intensidad, que no apreció, en su momento, el sueño ni, más tarde, el despertar malévolo de la otra parte; hasta estallar, esta, rebelándose con la traición, cogiendo a Dios por sorpresa. Él no pudo percibirla antes de padecerla; dando lugar a que se estableciera, entre ambas fuerzas, la diferencia del Bien y del Mal; una prueba contundente, surgida de la propia experiencia de Dios para regalarnos la posibilidad, latente en su Ser, de que, tras comprender estas palabras escritas, allanemos nuestros caminos hacia la gloria.

Es imprescindible distinguir, con absoluta precisión, con qué parte de las fuerzas nos queremos quedar: Con las del Bien o con las del Mal. El silencio reflexivo que cada uno viva, a continuación de conocer este mensaje, será revelador de lo que cada cual sienta. Nos ofrecerá una nueva e insólita oportunidad de avivar, de nuestro destino, las líneas marcadas con la vida. La vivencia ha de ser nuestra: Resolver, con amor y pericia, el peliagudo tema de la Cruz que arrastramos, sin versos simulados que falseen la felonía.

La presencia humana en la Tierra confirma nuestra necesidad de vivir en ella. Sin embargo, no significa que nos estemos logrando, al no sentirnos con la plenitud que podría confirmarnos la experiencia de vivir, para realizarnos en la misma.

La filosofía sirve para explicar lo que se piensa

en torno a lo que somos capaces de sentir, respecto a Todo lo que Existe, más allá de lo que conocemos desde un nivel palpable. Poder interiorizar ese Todo en el sentimiento, da fe de que está ahí, para que nos sea posible percibirlo, y de que tiene fuerza propia para que lo podamos captar desde nuestra dimensión. Poder sentir, es haber llegado a descubrir lo que se vive mediante el sentido de la orientación. Desarrollado este, a través de la experiencia como fruto de una existencia, que habrá dado lugar al conocimiento real de lo que se puede expresar en un momento dado. Motivo por el que escribo este libro, esperando sea comprendido y que, con él, prolifere nuestra suerte.

La diferencia que se da entre lo que se vive y se piensa es la que guarda la esperanza de obtener, de ella, el valor que contiene; que siempre será el que cada uno mueva.

En el ser humano se encuentra la clave necesaria para llegar a la raíz de la verdad que nos corresponde conocer, sobre nosotros mismos, y sobre el pedal que acelera o detiene el ritmo de nuestra vida. Quien así lo entienda, podrá pasar a comprobar la fuerza kármica de su existencia, hacia el Bien o hacia el Mal, por mediación de lo que guarde de ella. El hecho de tenerla impresa en nuestro espíritu nos reclama, por sí sola, la atención que debemos prestarle; para, con el debido respeto, soltar las canas del Sol al aire, y ver, a través de sus resplandores, nunca jamás de otro modo, el valor de la misma.

Exclusivamente conociendo nuestro karma, podemos liberarnos de él, a la vez que liberamos, igualmente, a las fuerzas que lo componen, con todo lo que estas arrastren. Es este un tema supremo para alcanzar lo bueno de una vida digna. Mas, no bastará solo con saber que tenemos un karma que nos viene condicionando nuestras vidas, por encima de lo que, hasta ahora, hemos sido capaces de admitir, sino que, habrá que ir destapando las ollas que conservan el pasado, y dejar que salgan los malos olores de ellas. Y, cuando baje la presión que originen, echar el contenido de las mismas al Cráter que Dios abrirá especialmente para ello.

Habrá que atender a las razones que nos vayan instruyendo sobre la voluntad de Dios, e ir encajando nuestros pies, con el gozo de la vida, donde nos corresponda; sin provocaciones y sin escupir una sola gota más del veneno al que, unos más y otros menos, estamos acostumbrados.

Las fragancias del amor se expandirán por el mundo, y veremos el rostro de Dios entre ellas. Cuando esto suceda, el orbe habrá vivido la experiencia que precisa vivir, con la finalidad de que esté preparado para saber a qué atenerse y poder reaccionar libre. Se abrirán todas las Fuentes de la Vida al unísono, y veremos esta con otro matiz. Se descolgarán solas las perchas de los disfraces que son usados para engañar a la humanidad, y quien no sepa ceñirse a los Valores Universales, se verá desnudo.

No podríamos comunicarnos entre nosotros, si no existiéramos como alguien. No obstante, no es nuestra presencia física la que nos condiciona, sino la necesidad que tenemos de interrelacionarnos para poder existir y vivir, mediante otros seres (nuestros padres), que atraen a nuestro espíritu, y nos proporcionan el cuerpo. Dios lo dispuso así para que se forjara la convivencia entre todas las criaturas.

La vida es la esencia plena de la Conciencia de Dios, y la llama, constantemente encendida, generada por su Espíritu. La existencia se produjo como consecuencia de la Conciencia del Creador. Su valor está fusionado con el de la vida, ya que es parte de la misma; siendo un valor distinto. Es la existencia física la que emergió de la vida, como algo natural, en el preciso instante en el que descendió el Espíritu y el Cuerpo de Dios de su Universo al nuestro; del que es Padre y Madre.

Para que pueda darse la presencia física, la vida necesita de la materia, para poder consolidarse con ella. Con la vida y la materia nació la primera Conciencia Universal Inteligente, que trabajó, sin parar, hasta sentir el valor espiritual como una fuerza pura. Capaz de proyectarse y de procrear, hasta el punto de lograrse como Alma Creadora de nuestro Universo; resultado de haber ido tomando conciencia de su inteligencia y de haber desarrollado sus capacidades para lograrse en su destino. La Conciencia, la Inteligencia, y los Valores que nacen de ambas, forman el conjunto de la gran existencia de Dios y de todo lo que nos rodea.

La pureza inicial se dio de igual manera que el amor: Sin ningún ejemplo que la precediera en nuestro Universo.

Si nos percatáramos bien, aunque solo fuera de nuestra propia importancia como criaturas nacidas del valor de la vida, podríamos comprobar que fuimos más lejos de lo que supimos. Si lo analizamos desde el nivel que nos da la Tierra, lo que en ella vivimos, es solo una parte de nuestra existencia universal.

Nuestro conocimiento sobre lo que podemos palpar, en general, es tan ambiguo que, apenas, nos induce a sentir inquietudes por saber de las verdades de la vida, que nos ayuden a resolver los grandes y severos problemas de la humanidad. Y, si nos preocupamos y preguntamos por ellas, como las corrientes del mundo van por otro lado, es probable que no encontremos las respuestas. Solo con la verdad absoluta se puede dar datos fiables. Fuera de la misma, somos ignorantes. Y, por este motivo, conflictivos con nosotros mismos y con los demás.

Nacemos con conocimiento, pero lo vamos perdiendo en el camino, a través de las discordancias que vivimos, respecto a la vida. De ahí, la importancia de que recuperemos las verdades perdidas y nos desarrollemos con ellas.

Abrir nuestra conciencia al Bien y liberar la cadena kármica

Opinar sin una base sólida sobre cualquier cuestión, es recurrir, por ingenuidad, a lo que se desconoce, con todas sus consecuencias.

El solo hecho de pensar que existo me produce, al instante, el gran desconcierto que vivo, donde no soy nadie. Entonces, palpo el olor de la calle y vuelvo a mi pensamiento... No, no soy nadie -me repito-. Pero existo. ¿Comprendes...? Existo. Y, si existo, es porque tengo los valores que Dios nos dio para volver a Él, tras vivirlos como míos para poder sentirlos. Y si llega a ti mi pensamiento, es porque los dos existimos. Confío en que algún día pueda disfrutar, más intensamente de tu presencia en mi vida, a medida que nos vayamos conociendo. Deseo desarrollar mi propio amor para disponer de la capacidad que percibo que puedo tener, si sigo creyendo en él como el único remedio del que hay que beber, para curar cualquier enfermedad. Enfermedad es el motivo de no conocernos; sin duda, ha sido el Mal el causante de ello. Y, por eso mismo, debe tener remedio.

No hay lugar entre nosotros, donde no se siembre el Mal con algún grano de su semilla. Ello origina que se reproduzca con abundancia. También se siembra el Bien. Sin embargo, al estar rodeado de campos de maleza, resulta más difícil que su cosecha prolifere.

Si abres tus sentidos al mundo, podrás comprender que lo que está pasando en él, es obra nuestra; cada uno de nosotros lo construimos. Y de nada nos sirve llorar, si no sentamos la cabeza para profundizar en lo que nos está castigando sin piedad.

Todo lo que nos daña proviene del poder maligno; es el único capaz de ocasionar sufrimiento. Resulta inquietante pensar que, conociéndolo, no sintamos la necesidad de poner todo nuestro empeño en librarnos de él.

Conozco lo que está ocurriendo para que el Bien no pueda proliferar. Sé que el Mal encadena. Viene liando la madeja en la que se oculta el núcleo principal del Poder de la Traición.

La verdadera incógnita sin resolver, de mayor trascendencia sobre el ser humano, se clava, por sí sola, en el centro de la versión opuesta a la auténtica del Hijo de Dios. El nos alumbró con su presencia en la Tierra. Y el hombre ha ido apagando la Luz que nos dejó, bloqueando la verdadera interpretación de su mensaje; lo que supone el freno sin luces que viene sufriendo el Bien. Y, por ello mismo, la gran libertad de la que ha gozado y sigue gozando el Mal, con todas sus consecuencias, tan anormales, como deliberadamente estratégicas.

Abro mi ser para que entre por él la Luz que, aún, nos alumbre y nos bendiga a todo el mundo, sin excepción. La que nos dé la solución para dar el salto hacia la vida. Y con él, se suelte el freno que nos tiene atrapados en el Maleficio del Poder Oculto del Mal. Si todos lográramos pensarlo y sentirlo, se arreciarían las fuerzas del Bien. Con toda seguridad, iríamos desbloqueando, desde el principio al fin, los terroríficos bloques de hielo humano que, una parte de la humanidad ha ido colocando, de forma táctica, en los puntos vitales de la cadena humana. Con ello, ha pretendido y pretende, darse lo que entiende como suerte.

El cordón umbilical representa la cadena kármica de la humanidad. Con cada ser que nace, se rompe físicamente (espiritualmente sigue unido a ella). Se produce, de inmediato, un vacío en el ser alumbrado, al separarse de su madre, a la que estaba unido. A partir de este momento, el recién nacido tendrá que confiar en sí mismo para poder lograrse donde nace. Comienza una nueva etapa de su vida, dentro de su ciclo universal. Esta, es fundamental para su existencia como criatura definida de su propia esencia. De ella, deberá experimentar, a través de su conciencia, cualquier valor que tenga para poder saber, de la misma, lo que le convenga; hasta alcanzar la plenitud. Nada fácil si tenemos en cuenta la mentira con la que se vive en la Tierra, que ha contribuido a que el Mal contamine la vida de cualquiera con total facilidad. Este se mueve destruyendo la verdad de las conciencias para que nunca se llegue a pensar que el Bien existe.

Cada uno de nosotros guardamos, en nuestra referencia humana, el valor de lo que somos. Si no fuera así, no podríamos conocernos, al no distinguirnos en nada. El solo hecho de tenerla, nos abre a la esperanza de poder conocerla. Lo que da lugar a que seamos seres iguales, pero con diferencias individuales. Cada cual graba en la suya lo que hace.

No existe en el surgimiento de la humanidad ningún momento que haya que diferenciarlo por ninguna causa, debido a que su existencia comenzó con la de Dios. Motivo por el que no tuvimos que esperarla, y por el que no se cuenta ese tiempo, al existir desde siempre como esencia de la vida.

De nada te ha de servir

hundir tus manos en nada,

si no llegas a sentir

la fe de tu esencia humana.

Nadie se quedará aquí,

ni sabrá cuándo es mañana,

si no es capaz de sentir

ningún deseo que trascienda

a su razón de existir.

Como ser humano, nada nos diferencia, aunque me cuesta expresar lo que estoy diciendo. Es hablarte de mí, más allá de mi presencia. Estoy entrando, con el rigor moral de mi alma, en todos los campos de mi existencia. Recojo de ella, lo que he aprendido de mi experiencia con Dios. Sentir su presencia me hace comprender la importancia de mi vida. Nadie que lo conozca, podrá decir que no existe; todo en Él lo corrobora. Quien lo ignora, es porque ha perdido, y no encuentra, el valor de lo recibido para el logro de su existencia. Y hasta ahí llega su experiencia con Dios si, después de tenerla, no ha vivido los valores de la vida, para poder reconocer de ellos, lo que se nos dio, con el fin de vivir sus efectos.

En Dios se guardan, con toda precisión, los resultados que se dieron para la vida en la Tierra. Lo que hace el Mal es destruirla, puesto que no puede soportar que exista sin conseguir disfrutarla como valor. No le es posible hacerlo ya que dejó de reconocerla en el mismo instante en que la conciencia de Dios comenzó a sentirla y a trabajarla.

El Mal es la parte de la energía que se quedó rezagada y dolida, pues no avanzaba como el resto. A medida que el Bien lo hacía, ella se resentía, sin poderlo remediar. Se vio sorprendida por su propia maldad, al percibir su sufrimiento por sentir envidia hacia la otra parte. Así empezó, hasta lograrse como es. De forma simultánea, se produjo la pena que esto despertó en la conciencia de Dios. Lo que también el Mal notó, y comenzó a estimularse hasta sentir placer por ello. De este modo, fue cogiendo brío, ajeno a la voluntad de Él. Cuando sucedió, se produjo el sufrimiento, al sentirlo Dios, al igual que la pena. Lo que el Mal captó, volviendo a experimentar placer por lo mismo; dando lugar a la pena en la conciencia benigna. Sentimiento que produjo, a su vez, otro: El de la vanidad en el espíritu maligno, originando una nueva sensación de desaliento en el Bien. Al registrarla, el poder contrario sintió satisfacción y buscó la manera de dañar, provocándolo, hasta incitarlo. Dios se sintió ofendido, sin poderlo evitar, suscitándole el deseo del perdón. Cuando la otra parte lo recibió, se burló de Él, al creer que lo hacía porque se sentía humillado. Apreciación que le indujo a sentirse más fuerte que Él. Dios la recogió, e inició su separación de este. Sin embargo, le dejó la puerta abierta para que pudiera volver a entrar si se arrepentía. De esta manera, se dieron los sentimientos de la esperanza y del arrepentimiento, al tener Dios la certeza de que este último se daría. El Mal que lo percibió, sintió rabia y miedo por si tenía que hacerlo. Y, así, surgieron otros dos sentimientos: El de la ira y el del miedo. Al recibirlo Dios sufrió desconsuelo, al mismo tiempo que incomprensión. La otra parte se percató de ello y se burló, de nuevo, produciéndose el fanatismo; lo que supuso para ella un logro. Así, simultáneamente, fueron surgiendo los sentimientos en la conciencia del Bien y del Mal, afectándonos por ser parte de ellas.

Es primordial que pensemos, en nosotros mismos y en los demás, con un sentido abierto a todo lo que nos haga reflexionar, sobre lo que nos pueda dar alguna referencia de valor moral. Sin estas vivencias, resultan inaccesibles los muros que nos separan del Bien, al haberlo dejado atrás.

Los sentimientos proceden de lo que se aprende del contenido de la conciencia. Pueden afectarnos de manera positiva o negativa, según se piense a la hora de tenerlos. El poder experimentarlos de manera positiva, es el mayor logro que un ser humano puede conseguir. Valorarlos y registrarlos nos permite elevarnos, mientras que, en el caso contrario, nos hundimos en la miseria.

El valor de lo pensado representa la capacidad del ser humano. El de lo sentido, lo que supone para el mismo.

Nada podrá afectarnos tanto como nuestro propio proyecto humano. Cualquier cosa que hagamos es parte de nosotros mismos.

Tengo interés por llegar a sentir la importancia plena de lo que existe dentro de mí como criatura de Dios. Si soy parte de Él, quisiera conocerme mejor para ser más feliz.

Sé que he de abrir mi conciencia a cualquier experiencia que desee tener; de mí, depende el esfuerzo que debo hacer para reconocerla.

Dios estimula nuestros sentidos con su presencia. Hemos de estar alerta para experimentar de ella. El objetivo será el que hayamos tenido antes de abrir nuestra conciencia a la experiencia de los mismos.

Cuanto sentimos o pensamos está relacionado con lo que vivimos. Mas, una gran parte de nosotros mismos lo ignora. Es la que tendremos que considerar para poder definirnos.

El desastre de la humanidad está servido y a punto de consolidarse. Pero, nada ni nadie puede contigo si, de verdad, te acoges a lo divino para salvarte.

Los horrores que el mundo ha vivido y vive, han de acabarse. No hay ni habrá quien pueda luchar contra la voluntad del más grande. Dios volverá a la Tierra para confirmar su existencia. En ella dejará su huella para que, nunca más, se pueda obviar ni traicionar su mensaje.

No se puede llegar a comprender el valor completo de cuanto nos rodea con solo una existencia en este Planeta. No hay quien contenga, por sí mismo, la experiencia, si antes no la desarrolla. Dios dejó todo al alcance del ser humano para que fuera cultivándose hasta conseguir el valor definitivo, necesario para realizarse.

Cuanto se hace sin verdadera conciencia de bien, se va acumulando en el poder oculto; lo que da fuerza al mismo y se la resta al de la Luz. Así es como se fomenta el Mal, puesto que este actúa de la misma manera. Como consecuencia de ello, las Criaturas de la Tierra han ido perdiendo el control que recibieron de Dios, al llegar a ella, como partículas de los astros que cayeron del cielo; cuando una parte de los mismos se rebeló contra Él.

El origen del Universo y de nuestro Planeta

Todo se hizo siniestro al instante. Se dio el mayor y peor acontecimiento que jamás pudo esperarse, causado por la rebelión del Mal. En el momento del suceso, se produjo una gran explosión, al chocar los astros entre ellos. Fue entonces, cuando Dios creó este Planeta para recoger y cobijar las partículas de los astros caídos; dándoles una nueva oportunidad para que sobrevivieran a través de su propia voluntad. Así, comenzó la vida en la Tierra: A partir de las partículas de los astros que en ella se precipitaron. Se produjo por mediación de la intención de Dios, para que pudieran lograrse mediante el milagro que Él originó. Con el tiempo, se fue confirmando la evolución, del mismo modo que se inició la de los demás Planetas. Todo surge de la voluntad del Creador; quien, igualmente, tuvo que evolucionar para poder confirmarse.

El antagonismo que, a continuación, se suscitó entre las partículas del Bien y del Mal, caídas y cobijadas por Dios en la Tierra, alteró el sistema del progreso que estas habían tenido hasta ese momento. Todo comenzó a ser de otra manera para ellas; tendrían que ir adaptándose a vivir en su nuevo espacio con unos medios completamente distintos a los que, hasta entonces, habían tenido, como astros. Por este motivo, se vieron obligadas a esforzarse en aprender a comportarse de modo diferente. Era necesario que se lograran en armonía con la vida para que todo fuera realizándose con la suerte de la gracia de Dios, a la vez que progresaran según sus exigencias naturales.

Como primera necesidad de las referidas partículas de la Tierra, germinaron los elementos aire, fuego y agua. Tuvieron que amoldarse a los mismos, ya que los necesitarían de por vida; sin ellos, nada ni nadie viviría.

Cuanto hay en el Universo se produjo como consecuencia de la concentración de gases. Surgidos, simultáneamente, de la condensación de otros, habidos antes de que ellos nacieran; capaces de enfocar sus fuerzas hacia delante. Así, comenzó a darse la energía, emprendida por los gases, como medio de vida para ir acomodándose. Al tiempo que se movían, se condensaban para, así mismo, desarrollarse con lo que ya habían experimentado.

A medida que los gases avanzaban en los espacios abiertos, la energía que desprendían, se propagaba y se iba colocando en ellos, conocedora de la vida. A su vez, esta energía, prendía sujeta a los gases con el conocimiento de lo que iba descubriendo, respecto a lo que ya sabía; su experiencia se estaba repitiendo en otro firmamento.

Desde el instante en el que la energía captó y tomó conciencia de su fuerza y de lo que podía hacer con ella, empezó a consolidarse el Universo. Y, con Él, el poder que lo sustentaba. Así afloró la Conciencia Universal que se fue ampliando para ir asumiendo el conocimiento. Según este se desarrollara, aumentaría la conciencia del Universo para retenerlo. Al mismo tiempo, la energía avanzaba con la certeza de que emanaba de los gases. Y que, estos, lo hacían de un poder recurrente que depositó la vida, que ella ya sentía, en ellos.

Los gases se expandían, movidos por la misma energía que de sí mismos se desprendía, conocedores de lo que hacían. Sabían que eran portadores de la vida; así lo palpaban. Correspondían, como nuestro cuerpo, incluido el cerebro, a las señales del espíritu que les estaba dando la vida, para que la esparcieran por mediación de la energía que de los mismos gases manaba.

Según los gases iban discerniendo, se incrementaban sus poderes, con resonancia hacia dentro, para que la vida se consolidara con lo que estaban haciendo.

En el momento previsto por el Alma de la Vida, entró en juego el poder magnético de la energía, a través de la modulación de las frecuencias que desprendía. Y que se hacían un hueco allí donde llegaban. Del mismo modo, se dieron las coordenadas que trasmitían, y que se iban depositando, como semillas de la esperanza, por donde transitaban. Estimulando así, simultáneamente, el poder de la energía de la que se servían.

Mientras que la energía evolucionaba, los gases se iban componiendo con lo que se derivaba de todo lo que iban haciendo. De este modo, formaron una enorme galaxia. Esta contenía la esperanza de la vida, esparciéndola por donde pasaba, según la sentía. De su fuerza, surgió el espectro solar, que reconoció a la galaxia como propulsora de la vida, hasta el punto de sentir y creer que esta tendría que engendrar la vida para parirla. Lo que motivó su necesidad de penetrarla y copular con ella, hasta eyacular su fuerza viril procreadora, para que esta también la pudiera sentir, mediante el deseo de ser fecundada para luego alumbrar. Así nació el Sistema solar con todas las galaxias que lo componen, y que comenzaron a medrar. Así mismo empezaron a sentir un infinito poder para vivir y para dar cuanto podían sentir. De este modo se dieron los comienzos de la creación, a través de los sentimientos nacidos de la bondad para la reproducción de otros cuerpos, por mediación de la intención divina de procrear para dar vida.

De tal forma se engendró la vida para poder darla, que los gases y la energía, tuvieron que trabajar mucho más deprisa, con el fin de poder alcanzar la meta que sentían que tenían que conseguir. Fue entonces, cuando parte de la energía se quedó estancada, sin trabajar. Luego, se descubriría como portadora del Mal, al sentir envidia de la energía que la había dejado atrás. Por esta razón, comenzaron a darse las fuerzas malignas. A pesar de esto, las del Bien no les negarán la vida, para que puedan volver a sentirla como antes.

Las fuerzas del Mal, que ya no comprendían el avance del Bien, rehusaron continuar, y se rebelaron contra Él. Perdieron la posibilidad de volver a ser parte de la energía creativa, al quedarse detenidas por su falta de fe; cuando tuvieron que esforzarse en continuar con su cometido inicial. Esto provocó, en ambas fuerzas, un estado de ansiedad que, *a posteriori*, no se resolvería; ninguna de las dos cedería. Las del Bien no iban a retroceder. Y las del

Mal no avanzarían; al negarse a superarse, en contra de lo que ya sabían que podrían conseguir: Aumentar el poder de la vida. Lo que desencadenó en ellas, la negación del Bien, al no querer proliferar con Él. Así es como las fuerzas del Mal empezaron a perder el interés por la vida y por cuanto esta representaba. Hasta creer que el poder de la negación era mejor que el de la evolución del Bien, ya que no les suponía ningún esfuerzo. Se sintieron satisfechas por poder ejercerlo sin tener que comprenderlo.

El Mal se fue haciendo a sí mismo, moviendo su fuerza al revés. Propulsando un nuevo poder que, al no suponerle esfuerzo, prendió como llamaradas por el firmamento, hasta hacerse siniestro. A partir de ahí, su deterioro fue tan grande, que Dios tuvo que hacer un gran esfuerzo para que, el referido poder maligno, no acabara con todo lo que Él había creado. Se vio obligado a ejercer el suyo contra aquel otro que lo arrasaba todo, después de intentar hacerle entender que quien iba a perecer era él, puesto que había perdido la capacidad de respetar la vida.

El Bien se condensó para que el Mal supiera cómo se sentiría sin su presencia. Este, entendió que lo había hecho desaparecer, porque tenía más poder que el Bien; lo que este último lamentó. El Mal se percató de ello y, como ya todo lo entendía al revés, se alegró de que el Bien se lamentara; pensó que sería el comienzo de su rendición ante su dominio. El

Bien, que lo percibió, volvió a aparecer, tras descondensarse, sorprendiendo al Mal, quien se propuso hacer lo mismo que había hecho el Bien: Condensarse para, luego, reaparecer.

Como el Mal lo entendía todo al contrario, pensó que, primero tenía que desaparecer, y luego condensarse. Lo que supuso su propio engaño, que no quiso reconocer. Su intención fue la de ocultarse para, cuando el Bien estuviera descuidado, hacer acto de presencia y atraparlo sin tener que competir con Él; quería ejercer su poder sin ningún esfuerzo. Todo lo tenía pensado. Pero cuando fue a desaparecer, se encontró con que una parte suya se resistía y comenzó a sufrir el efecto de su propia rebeldía. Quiso vengarse de ella por negarse a obedecerle. Al ver que no podía sin dañarse a sí mismo, sintió tal necesidad de hacerla padecer que también Él se autocastigaría con tal de destruirla. Por esta razón, empezó a torturarse. Sin haber pensado antes que, por el motivo que lo hacía, empezaba a condenarse, al querer destruir la energía por la cual podría salvarse. Sin ella su poder no existiría, porque es la parte que le mantiene con vida.

La ambición del Mal fue tan grande que solo pensó en crecer, acaparando cuanto creía le podía interesar, sin pensar en que nada le serviría para lograr su dicha y alcanzar la paz. Fue tanta su necedad que, incluso, llegó a calcular lo que podría "amasar" si se dedicaba a robar hasta el aire que se daba para respirar; el embrión por el que ahora comenzará a respirar mal o muy mal, según sea su manera de obrar. Lo más lamentable es que, de igual modo, respiran mal quienes por enfermedad, u otra causa, está afectado de Él.

De ahora en adelante, comenzará una nueva situación espiritual, a la que nadie se podrá oponer. Tanto la energía del Bien como la del Mal, han comenzado a enfrentarse, una vez más, para la división de sí mismas; en esta ocasión, por decisión de Dios.

Únicamente a través del Bien se podrá alcanzar la fuerza de vida necesaria para volver a impulsar un nuevo ciclo existencial, hasta obtener la plenitud. Mientras que a través del Mal, por involución, se tendrá que emprender un nuevo proceso desde el inicio. Partir de la base como partícula, hasta conseguir, por sí sola, la capacidad de la vida y de todos los valores que la dan: Experimentar el modo de lograrse con la forma ideal, para consolidarse donde viva. Nada fácil, si todo se olvida antes de empezar. Por lo que propongo que, se tome la iniciativa de abrirnos al conocimiento para destruir las mentiras, hasta llegar a las auténticas verdades, con el propósito de potenciar nuestro estímulo de vida.

Se ha conseguido que nada, o casi nada, tenga sentido para lograr vivir en el Amor Infinito. Se vive de un modo tan ruin, que nos cuesta vibrar con la intención de alcanzar la plenitud de vida. De continuar así, nos vamos a quedar en el camino, sin tan siquiera saber hacia dónde íbamos.

El valor de la vida consiste, especialmente, en el deseo de vivir. Si este no se cumple, no solo se pierde el deseo, sino, de igual manera, la esencia del sentido de vivir. Y así lo captarían las fuerzas del Universo, que desistirán, en su momento, de seguir su curso de vida a favor de la Tierra. De ahí, que estemos viviendo una situación crucial para la posibilidad de continuar, o no, existiendo en ella.

Lo que ahora estamos experimentando no se puede igualar a ningún otro momento. Se nos está avisando de que todo se puede acabar en un instante, si dejamos pasar el tiempo que se nos está regalando para que tengamos la extraordinaria oportunidad de cambiar nuestro comportamiento y, con él, nuestro destino.

Nada de lo que se desconoce se puede esperar; razón por la que estoy escribiendo esta obra, interesada en aportar con ella la gran verdad de cuanto nos está sucediendo; detenida en el tiempo y en el alma de la gran mentira desconocida.

Al igual que vosotros, yo también palpo y siento

el poco empeño que hay por controlar el mal creciente de todo lo que se está haciendo. Todos somos responsables, aunque nos duela admitirlo, al quererlo ignorar. Expresar quién lo ha de parar debe ser la respuesta que, cada uno de nosotros, deberíamos darnos. No podríamos decir que tuvieran que ser otros, quienes tendrían que tomar la iniciativa, si no los conocemos mejor que a nosotros mismos.

Es triste tener que admitir que somos los seres que más dañamos nuestro medio de vida. Apenas consideramos lo que necesitamos para vivir ni lo que derrochamos. Por lo que todo ha llegado a ser tan infausto.

De nada nos han de servir los bienes materiales acumulados, si no disponemos de los que necesitamos para permanecer en el Universo. Aquí, por mucho tiempo que estemos, no será nada comparado con el resto.

El inmenso interés de Dios de que el hombre se libere del Mal que lo retiene en su propia miseria, es que pueda salir, de una vez, de su tragedia. La que se originó cuando la energía que empezó a negarse, perdiera su fe en poder integrarse con la otra parte, después de que esta avanzara más deprisa que antes. Tras ello, la energía rezagada se enfrentó a la del Bien y, como consecuencia, cayeron los astros fragmentados en partículas, sin acabar de lograrse.

Lo que motivó el mayor desastre para el Universo, suscitando un nuevo sistema de aprendizaje en las dos energías: La que avanzaba, que tuvo que prepararse para poder seguir adelante, necesitó hacer un mayor esfuerzo para evitar desequilibrarse. Y la que, al negarse, sufrió un cambio en su modo de comportarse, comenzando a verlo todo a la inversa de como era. Lo que supuso su involución; motivo por el que empezó a perder la estabilidad.

La Nueva Era del Conocimiento:
Verdad, bondad y misericordia.

La razón por la que Dios desea que el mundo se salve es la misma que sintió para lograrse: El Amor. Quiere que los hombres entiendan que jamás llegarán a ninguna parte sin Él.

El hecho de que cada ser humano dependa de sí mismo para acceder a todo lo conveniente con el fin de ratificarse, de acuerdo con lo que piensa y siente, confirma la gran parte de libertad de la que dispone, aunque no la considere.

En la Tierra predomina la maldad, antes que el contenido inocente de lo que se siente en realidad. Ningún resultado sería insustancial si se valorara lo que se pierde, al no hallar la respuesta de la verdad que cada uno siente. Lo conseguiríamos con tan solo distinguir lo que alegra y beneficia del Bien, y lo que entristece y daña del Mal; para ser consecuentes con lo que se quiere y con lo que se piensa.

Al igual que las calles de una ciudad te llevan a otras cualesquiera, el conocimiento de lo que se te da te llevará, si lo aprovechas bien, al logro de tu capacidad con todas sus buenas consecuencias.

Se suele decir que no somos perfectos. Pero no hay dos personas que lo digan motivadas por el mismo efecto de lo que piensan; nadie siente ni considera las cosas de idéntica forma.

La Nueva Era del Conocimiento, que ha comenzado a darse, promete al hombre ser la mejor para conseguir evolucionar hasta la plenitud. En ella se darán las oportunidades para que así sea. Habrá que considerar tres cosas fundamentales: La verdad, la bondad y la misericordia. De ninguna de ellas podrá prescindir quien, realmente, desee conseguirlo.

Nacerán las mañanas con nuevos olores que darán los estambres de otras rosas. Nacerán virtuosas para ofrecer a los hombres sus aromas, con la finalidad de que se embriaguen de sus intenciones de colmarlos de armonías.

El hecho de que no se pueda considerar el éxito de lo desconocido, aclara el efecto que ejerce el poder de lo que se ha previsto para que se considere, y que el resultado para todo lo que tenga vida, sea perturbador. Vivimos en una sociedad donde lo que más importa no son los valores mostrados, sino el nombre de quien haya logrado trepar por la escalera de cualquier umbral que le permita presentar sus inmoralidades. Esto deberá cambiar antes de que nos convirtamos en auténticas aves rapaces.

De lo que voy conociendo sobre los seres humanos, aprendo, con mayor interés, a querer respetarlos. Ni hoy ni ayer gozamos de nuestra suerte; nos la quitaron los de siempre: Los hijos de Lucifer, al servirle a Él, que no es sino la bestia cruel, producto de su propio poder devastador.

No es casualidad que, cuando se habla de la inmortalidad, se haga porque el Hijo de Dios lo proclamó a los cuatro vientos. Lo hizo para que no pudieran ocultarlo quienes tenían conocimiento sobre la verdad, y lo traicionaron. Con ella se da la sabiduría. Para eso se ofrece la verdad; para que todas las criaturas del Universo puedan llegar a tenerla de un modo particular y evitar que les sigan mintiendo. Y al final, puedan disfrutar de lo que al principio fueron, antes de que apareciera el Mal; cuando la energía comenzó a separarse y a trasformarse de un modo individual. Cada cual siente el peso de lo que hace, puesto que solo uno mismo lo podrá valorar sin equivocarse.

Quien se sabe apreciar no puede prescindir de sí mismo a favor de los demás. Cada uno ha de guardar su equilibrio. Al mismo tiempo, necesitamos de los otros para poder conseguirlo. Nadie podría lograrse, en ningún sentido, si no existiera su semejante.

La capacidad para percibir lo que existe nos la da el conocimiento. Mas, para poder disponer de este, precisamos, primero, tener sensibilidad. Todo será distinto si se valora lo que digo.

Nunca habría imaginado llegar hasta aquí. Para que haya ocurrido, he tenido que andar un largo camino. Entrar en mi verdadero destino y descubrir, de forma exhaustiva, mi cometido para ser feliz, a pesar del gran esfuerzo que me supone conseguirlo.

Me limito a trasmitir lo que voy conociendo y que me sirve para ser más consciente de lo que quiero conseguir. Razón por la que te lo cuento, por si te aportara algo que pudiera servirte en algún momento de tu vida. Todos necesitamos conocer otros ejemplos humanos para poder valorar los nuestros.

Escribir por escribir, me llevaría a la ruina de mi sentir, ya que ni yo misma lo valoraría. Si lo hago, es porque, dentro de mí, estalla por salir el conocimiento que guardo, y que hoy lo reclamo, al contacto con mi Guía Espiritual, para ofrecértelo. No tendría sentido retenerlo para mí si nací para dártelo.

No es factible vivir por vivir después de haber descubierto la Ciencia del Espíritu de la Vida. Por ello, jamás cambiaría mi destino, aunque haya sufrido, con ensañamiento, los injustos efectos de la degradación humana.

El Mal siempre intenta anteponerse a cualquier alma buena para que no encumbre. De Él se desconoce, casi por completo, el poder que esconde en su espíritu, capaz de disfrazarse para apoderarse del Bien, con la intención de manipularlo y dañarlo. Sin embargo, en la psique del Diablo ha comenzado a producirse un cambio que Él considera esporádico, al no aceptar lo que le está sucediendo. Como nunca, está sintiendo el efecto de sus propias maldades, que se le están revirtiendo. Él es quien ahora padecerá, especialmente marcados, los resultados de su obra. Es la oportunidad que Dios le ofrece para que cambie; única manera de recordarle el daño que causa y a lo que puede llegar, si persiste en su comportamiento. Con tan alto nivel de maldad, le resulta extremadamente difícil comprender nada de ningún valor moral, ni sentir compasión por los demás, al carecer de lo esencial, que son los sentimientos.

El logro de nuestra existencia, nos otorga el derecho y la ocasión de poder modificar lo que queramos. No obstante, no los obtendremos, si no lo deseamos; motivo por el que Dios ejercerá su poder en función de la necesidad que tenga el Mal para conseguir la oportunidad de cambiar. Antes de que, por negarse constantemente a la vida, le sea imposible volver a nacer por voluntad propia.

El hombre deberá comprender que, si ha podido nacer, tendrá que aprender a vivir, sin dañar a sus semejantes. De no ser así, perderá la facultad de amarse a sí mismo y el privilegio de recibir el amparo de los demás.

Se ignora, casi por completo, la gran habilidad que el poder maligno oculta para dañar. Es difícil sospechar que, aun no aceptándolo, nos robe la voluntad. Lo hace sin piedad, por mediación de su magnetismo extrasensorial, a través de las ondas magnéticas. El deseo de su espíritu nos puede atrapar e influenciarnos, si no lo sabemos captar y evitar.

El verdadero poder del Mal no está en lo que ha vertido, lo hayamos visto o no, sino en lo que guarda. Desea someter al Bien al mayor sufrimiento posible para que abandone la fuerza de la esperanza, con el propósito de que no desee nacer. De ahí, que sea el avasallamiento su principal arma.

Lo peor que al mundo le puede pasar es que pierda la cordura por su forma de proceder. El Mal quiere aniquilar su deseo de vivir. Su afán es convertirlo en tinieblas para ser su dueño absoluto. Su poderoso poder malévolo ha alcanzado un nivel tan alto, que ya no le deja ver los valores que desarrolló, antes de emprender el camino opuesto a lo que había conseguido.

Cuando el Mal se enfrentó a Dios, se dio en el

firmamento el mayor infortunio. El Bien sintió un dolor tan grande que todo tembló en ese instante. La enorme convulsión que se produjo en el Alma y en el Corazón del Todo, se originó al tener que separarse Dios de la energía que se negó y se rebeló contra Él. A partir de este suceso, el Universo experimentó el efecto del tormento como consecuencia de la conversión al Mal de una fracción de Él. Y por sufrir, a la vez, la terrible contradicción de tener que separarse de esta, que era un Todo con su Ser.

Comenzó a darse una nueva situación, en la que al Bien le era necesario distanciarse del poder de la energía capaz de dañarse a sí misma, con tal de dañar a la otra parte. Lo complicado no era solo tener que apartarse, sino también distinguir de qué fracción se desprendía, si estaba toda unida. Lo único que la dividía era la conciencia del Mal que empezó a rebelarse. Fue entonces cuando, de entre aquella energía, surgió la figura del Padre del Universo para responsabilizarse de lo que en Él sucedía. Y con ella, la Ideología del Bien, al ser venerado por los astros que permanecieron fieles a Él. Estos fueron conscientes del indescriptible esfuerzo que acababa de realizar, asumiendo el hecho violento del propio Universo; del que tendría que reparar los daños causados.

Lo que vivió el conjunto de los astros trascendería por cualquier lugar donde cayeran sus partículas, ya que eran parte de ellos. Desde el mismo instante en que se produjo el devastador acontecimiento, Dios no ha parado de tratar de ayudar al Mal, y a las personas equivocadas, a poder cambiar. Ayuda que, hoy día, nos está ofreciendo de un modo excepcional, puesto que, ya todo en nuestro mundo, se halla prácticamente agotado.

El fundamento del interés de Dios por salvarnos se desvanece en nuestro ser, al no responsabilizarnos del mismo; como sí hizo Él en su momento, con el fin de liberarnos del poder maligno. Para entonces, Dios se había hecho a sí mismo, vinculado al Universo de su Padre, a través de la Fe y del Amor que lo pueden todo.

Al tiempo que se daba el terrible suceso, mencionado, el Creador sintió necesidad de dar cobijo a las partículas de los astros que cayeron de su Universo. Y dentro de este, en distintos espacios, creó los planetas en los que se hallan las referidas partículas, en diferentes Planos Cósmicos y estados de evolución espiritual y físico. Estos estados dependen de las necesidades individuales de las partículas para volver a la condición natural de sus orígenes. Posible, mediante la reencarnación y las dilataciones anímicas que se desarrollan en las distintas dimensiones de los planetas que existen entre la Tierra y el Cielo.

Evolución primigenia en laTierra:
La contaminación del Mal

En cada planeta, los mismos espíritus consiguen cuerpos diferentes, mediante necesarias y sucesivas reencarnaciones que van teniendo; según el planeta que ocupen y sus requisitos para ir lográndose.

Se les volvió a abrir el conocimiento a todas las partículas, tras perderlo en el instante que se rebelaron contra Dios; y sintieron, nuevamente, los efectos de la vida. Desde el momento en que cayeron comenzaron a prosperar. Mas, no todas se precipitaron en el mismo estado ni con las mismas propiedades, conformando entre ellas, la atmósfera, la tierra y los mares, y así: La Tierra.

En el espacio en el que vivimos, únicamente se prolifera componiendo nuestro propio concierto con las notas musicales de la armonía de la vida; de ningún otro modo podemos volver a ser los astros que fuimos. No solo físicamente, sino por nuestra capacidad para orientarnos hacia el futuro previsto por el Padre de nuestro Dios.

Él espera que, al final de nuestro bagaje, se unan los universos para formar uno solo, en completa concordia. De aquí allá nos separa la gran sombra del Diablo; la que tendremos que eliminar para ver la Luz. Para ello, precisamos establecer normas de vida claras y concisas que abran los caminos a todos los seres del mundo, en vez de cerrarlos atropelladamente.

De nosotros depende que el Mal desaparezca y entre el Bien por todas nuestras puertas y nos aporte la salud y el amor que necesitamos para ser libres. Sin justicia no se evoluciona a favor de la vida, mientras que las fuerzas malignas no paran de crecer. ¿Hasta dónde vamos a dejar que lleguen?

Las moléculas necesitan de su propia afinidad para vivir. También precisan de un medio donde poder desarrollarse. En ellas se mantiene el secreto de la vida. Y, por consiguiente, la inteligencia adaptativa. Las criaturas que mejor consiguen desarrollarla, pueden tener una existencia más lograda. Reconocen mejor el sentido de la experiencia de vivir, y se habitúan al mismo con mayor plenitud. Viven la vida con un nivel de conciencia más amplio que les permite experimentar de ella, con más exuberancia, su valor.

El fin de la molécula es el de definirse hasta proporcionarse un medio perfecto. Cuando lo logra, su deseo es el de aportar lo que contiene para germinarlo. Y, así, crecer y aumentar su poder para ir proliferando con él, hasta obtener el resultado de lo que espera ser. Que será el que consiga, dependiendo del medio que haya encontrado y según obedezca a él.

Cualquier sistema empleado por una molécula para poder crecer podrá servir si el lugar es adecuado.

Cuando las primeras partículas se acumularon en la Tierra comenzaron a crecer. Pero, antes de que esto sucediera, tuvieron que comprender que tendrían que progresar en ella. Las primeras en lograrse conformaron los mares. En ellos, las partículas evolucionaron, hasta lograr cuerpos con los que poder relacionarse y proliferar, surgiendo así otros. De modo similar, fueron apareciendo otras formas de vida sobre la tierra. Los diferenciaba el medio al que se iban adaptando. Unos seres y otros, necesitaban de los gases con los que estaban en contacto, y que, a su vez, se fueron trasformando y aclimatando.

De las criaturas que vivían en el agua, algunas empezaron a salir de la misma. Y otras de la tierra, entraban en el agua; propiciando el cruce entre ellas. Sus descendientes pudieron habituarse a ambos espacios, transformándose y adquiriendo modos distintos de comportarse. Igualmente comenzaron a dispersarse, encontrando en su entorno a otras criaturas que hacían lo mismo que ellas.

Todo seguía su curso, hasta que unos seres se lanzaron a atacar con violencia a otros, provocando la huida de los más débiles; por lo que se fueron creando los territorios. Por otro lado, volvió a romperse el equilibrio cuando uno de ellos sintió celos de otro más grande que él, al coincidir ambos en el deseo de acoplarse con la misma hembra. De este modo, resurgió la envidia que se había dado en los astros que se sublevaron contra Dios. Los dos acontecimientos coincidieron con el inicio del desastre que el mundo viene sufriendo. El que había sentido ya la envidia, solo se fijaba en seres más pequeños que él, para, al acoplarse con ellos, poder sentirse superior a los mismos. Así se propició en la Tierra la primera traición, derivada del impulso maligno, propio de los astros que se rebelaron contra Dios, de los que eran parte. Se trataba de seres evolucionados de partículas de ellos y, por esta causa, almas de sus cuerpos.

Con la traición se sembró la mala semilla. Y, con su siembra, la reproducción de la misma. De esta forma tan vulgar, empezó a darse la Era del Mal en la

Tierra. Fue por mediación de las partículas de los astros que ya estaban contaminados, desde antes de aparecer en nuestro Universo, en forma de gases. Perdieron la oportunidad que les había dado Dios de poder regenerarse. A partir de ese momento, necesitarían resistirse al impulso de su propia condición de repetirse en lo mismo, con la finalidad de poder deshacerse del Mal con aceptación propia. De ninguna otra manera se alcanza la libertad. Así rebrotó en la Tierra el espíritu maligno que, aún, se resiste a confirmarse con el Bien.

Las criaturas nacidas de los apareamientos en los que habían intervenido las fuerzas pérfidas, iban propagándose. Arremetían, sin controlarse, contra cualquier forma de vida con la que pudieran enfrentarse. Mientras que las otras partículas sin contaminar iban evolucionando y ampliando su medio de vida con el que poder desarrollarse.

Surgió la conciencia del tiempo en el momento en el que las criaturas comenzaron a regularse, a medida que iban naciendo. Esto fue creando un doble efecto y un doble sentido, al diferenciarse entre las mismas lo que iban haciendo para lograrse. Ninguna tenía ya el mismo sentimiento ni coincidía con la manera de comportarse.

Se fue originando un nuevo desenlace, debido al mal entendimiento que empezó a darse entre las criaturas que conservaban el alma plena de vida y las que la derrochaban, sin detenerse en lo que hacían. De las unas y de las otras se fueron generando las energías que violentaron sus vidas, al no poder soportar lo que sentían. Las que sucumbían y se dejaban arrastrar por las fuerzas dañinas, comenzaron a vengarse de las que creían sus enemigas, al no poder digerir nada de cuanto hacían. Ello dio lugar a que las más vengativas tomaran la iniciativa de quitar la vida a cuantas veían que no eran iguales a ellas. De este modo, empezó el Mal a sembrar el miedo, además del odio y el despecho, provocando una corriente de contaminación en otros seres. Esto motivó la desolación y la desorientación en los que lo iban padeciendo, ya que empezaron a vivir la gran contradicción de su propio sentimiento. Por un lado, sufrían por lo que estaban viendo. Y, por otro, no querían intervenir haciendo lo mismo que ellos.

Las criaturas que vivieron al principio de aquellos tiempos, no podían prescindir de sus propios instintos para poder subsistir. Solo de ellos obtendrían el conocimiento para ir haciendo el trabajo de reconocimiento, de cuanto hacían y debían hacer, para que otros seres fueran aprendiendo. Pero no solo el Bien dio su sabiduría, sino que también y, al mismo tiempo, aportó el Mal la suya, que no era sino su ensañamiento y su maldad. Por lo que comenzó a darse el asedio y la violación por parte de aquellos seres que no respetaban los deseos y sentimientos de los demás. Ello dio lugar a una perturbación colectiva: Los que violaban, porque disfrutaban con ello. Los que eran violados, porque no lo podían soportar y sufrían por este motivo. De este modo empezaron a mezclarse entre ellos, y a concebir otras criaturas que los entrelazaría, produciendo efectos muy diversos entre los mismos.

Floreció y gritó el rosal:

¡¡¡Rosas rojas con espinas!!!

Había nacido el dolor,

al tener que parir hijos

concebidos sin amor.

Y así fue como el Mal contaminó a sus hijos e involucró a otros seres a sufrirlo. Desde entonces, las criaturas que solo quieren sentir el Bien, tienen que hacer un mayor esfuerzo para lograrlo.

El retorno:
La reencarnación

El Universo es sensible a su propio pensamiento. Nos proporciona la posibilidad de que lo podamos valorar, a través de nuestra sincronización con el Todo. Si queremos conseguirlo, necesitamos desarrollar la capacidad suficiente para abrirnos a Él y comprenderlo.

Tanto las fuerzas del Bien como las del Mal, como polos opuestos, dieron la oportunidad de que cualquier ser se inclinara o abriera a la fuerza espiritual que más le atrajera; por sentirla como propia. Lo que luego hicieron, cada una a su manera, fue prodigarla. Las del Bien, abrían sus puertas para que todas las criaturas pudieran entrar por ellas. Las del Mal, sin escrúpulos que las entorpecieran, comenzaron a forzar la voluntad de las benévolas para someterlas, sin piedad, a las suyas. Esto, con la perniciosa pretensión de poderlas manipular y hacer de estas sus presas.

Ni el mismo Mal podía sospechar el poder que iba a alcanzar, ni la fuerza tan siniestra que iba a desarrollar; fundamento por el que tanto le cuesta parar. Por su menosprecio a la coherencia, desconoce hasta dónde puede llegar el alcance de su maldad. Si lo supiera, y fuera consiente de que se le revierte, usaría su voluntad para echar marcha atrás. Comprendería que es Él el principal perdedor de sus terribles acometidas. Nada es peor que malograr la fuerza y la gracia de la vida.

El mal se empieza a ver acorralado dentro de su propio ser y fuera de él. El poder de la vida rezuma, con más fuerza en la Tierra, la esencia de su origen. Se impone ante la ira corrosiva maligna. Lo hace para impedir que, esta, acabe con nuestra voluntad, antes de que todo termine en nuestro planeta sin que pueda remediarse.

No encontraríamos consuelo, si ningún ser de nuestro planeta conservara la bondad para poder regresar, de nuevo, hasta purificar, en el mismo, la maldad que hoy lo destruye. Todo lo que nos pudre se ha de sanar o desechar.

Razón no le falta a la Tierra para desistir en su interés por brindar de ella lo que siempre supo dar. Sin embargo, todavía se esfuerza por sobrevivir, para seguir ofreciendo a cada habitante la expectativa de poder volver, las veces precisas. Hasta alcanzar su estado primigenio, antes de caer, como partículas de aquellos astros que se enfrentaron en el pasado.

El hecho de haber sido parte de una estrella nos puede dar a entender que, cualquiera, podría tener una cierta semejanza a esta. Aunque, por vivir en la Tierra, no podamos ser iguales por fuera ni, tampoco, pretender ser como ella. No en vano, somos la parte dañada de su ser, al habernos desprendido de su fuerza con el rumbo perdido. Solo correspondemos a una ínfima parte de su composición, caída en la Tierra. Donde cada uno ha vivido a su manera, y en la que, apenas, nos queda alguna referencia de lo que fuimos ayer.

Con amor propio se vence la dificultad para entender lo que se siente, por uno mismo, bajo la influencia de lo que se piensa. Si no se pensara, no se podría saber nada referente a nuestro ser, para vivir en él como promesa de nuestra consustancial fuerza, abierta a nuestra conciencia. Lo que deja entrever que cada cual se abre o se cierra a su propio nivel individual. Basado, este, en lo que piensa y en lo que puede llegar a entender como resultado del conocimiento y del interés que tenga por sopesarlo.

Sin tener en cuenta lo que haya fuera de él, porque no lo conoce y no lo sopesa.

Se ha hablado de temas de los que nunca se ha aclarado su procedencia ni su trascendencia. Uno de ellos es el del mito del Hombre-Lobo. Se han dicho cosas de él que han impresionado. En cambio, se desconoce el significado de lo que ha de acontecer para que un ser, con cuerpo humano, pueda trascender, en un momento dado, al estado psíquico de otro ser y vivir "consolidado", influenciado por su poder.

Todas las criaturas, al nacer, sienten la experiencia de lo andado en el conjunto de sus existencias. Estas quedan registradas en su espíritu. Incluso, pueden sentir el deseo de revivir el mismo poder que tuvieron en alguna de ellas, antes de haberse reencarnado de nuevo. Llegado el momento de retomar lo registrado en su espíritu, vuelven a querer ser como fueron alguna vez, debido a que sienten su fuerza y han trascendido con ella a otro cuerpo al que, igualmente, reconocen, por vivir en él.

Nadie sería como es, si no se hubiera dado en su ser la fuerza que necesita para mantener el poder que lo justifica. El mero hecho de nacer da a entender la necesidad de evolucionar con otras experiencias. Saber reconocerlas para trascender con ellas, es lo que cada cual tendría que procurar hacer para avanzar con lo que más desee de las mismas. No obstante, para poder progresar es necesario captar el sentido moral con el que enriquecerlas.

Cada momento que vivo he de examinarlo como mío. Pero también de la Tierra; en ella vivo y dejo de mi existencia. No solo existo y he existido en esta, sino que, aunque con otra presencia física, he recorrido otros espacios con otros sistemas de vida y otras experiencias. Puedo recordar las que viví con trascendencia espiritual, ya que es en el espíritu donde se logran fijar. Es la causa por la que hoy escribo con un conocimiento más allá de lo que vivo.

He logrado entrar en mi campo espiritual de otras existencias para recordar en esta lo que sé de ellas. Ayudada por mi Guía Espiritual; quien, a la vez que también trasciende a otro nivel, me ayuda a recordar lo que he experimentado. Así como lo que necesito para darlo a conocer a quien de sí mismo, y de nuestras vivencias desee saber. Lo que Él sabe de mí, lo ignoro. Yo sé de Él que se muestra como es. Y que quiere trasmitirme lo que he de conocer de su existencia. Por lo que he percibido de ella, debe ser intensa y muy cercana a Dios, por cuanto sabe de Él. Apenas conectamos, empezó a darme a conocer mucho más de lo que nunca hubiera imaginado.

Siempre deseé tener conocimiento sobre algo importante para sentirme útil en cualquier cosa que hiciera. Difícil que así pudiera ser, cuando las cosas me venían al revés en todo lo que añoraba conseguir.

Mi ser vibraba de amor por cualquiera, aunque no me identificara con él. Lo que me hizo comprender que debía de atender a la voz de mi conciencia, antes que a ninguna otra que pudiera entorpecer mi fuerza. La que en más de una ocasión estuve a punto de perder, al no reconocerla.

Ahora sé que me defino con el brío del Bien. Que, con Él, caminaré sin dejar que me envuelva ningún otro poder que no sea el suyo. Lo conozco perfectamente. Y quisiera hablarte del mismo, con el fin de contribuir a que, quien ignore de este lo que yo sé, le pudiera servir para hacer mejor su recorrido por la Tierra. Elevar sus sentidos para conseguir saber de sí mismo, al menos, parte de sus vivencias universales.

Desde que tuve uso de razón, quise saber si cuando venimos al mundo volvemos a él tan inocentes como parece. El acontecimiento de un alumbramiento da a entender que quien nace, quiso hacerlo. Para nacer, ha de elegir un cuerpo materno que será el medio que le ayudará a realizarse dentro de este, hasta desarrollar uno propio para trasmutar con él.

El grado de madurez y conocimiento que ha de alcanzar un ser para poder nacer de otro cuerpo, lo proporciona el milagro con el que Dios se hizo a sí mismo, como Dios y como milagro de su poder infinito. Con él nutrió los sentidos de todas las criaturas que nacerían después, para confirmar su milagro y para vivir como parte de él, con tan solo desearlo.

Todo el mundo, antes de ser alumbrado, pasa por un proceso que, primero, ha de conocer. Los seres deben saber que han de volver a nacer en el momento que mueren. Fue como Dios lo estableció, desde el origen de su poder, para que el conjunto de las criaturas fueran conscientes del sentido y de la importancia de su alumbramiento. Así, se mantuvo, sin perturbarse, durante un tiempo incalculable al juicio humano, hasta que el Mal volvió a interponerse. Se fue apoderando del espíritu de quienes no supieron comprender que únicamente venía a robarles su poder, con la indigna intención de arrebatárselo, y usarlo contra el de la vida. Lo que hizo que el poder dañino volviera a recuperarse y a filtrarse por cualquier espíritu bueno; invadiendo su vida y su cuerpo. Lo contaminó con su veneno, hasta lograr que se sintiera enfermo y, finalmente, se abandonara; sucumbiendo a su influjo. Por este motivo, muchas criaturas nacen y viven desorientadas y débiles.

A pesar de ello, Dios les ayuda, una vez más, a recuperar el poder de la vida, para que les sea posible integrarse otra vez en ella y se salven de su propia fuerza destructiva.

Desde aquel momento en el que el Mal se

interpuso, las criaturas que tenían que reencarnarse lo harían con sufrimiento. Se vieron obligadas a distinguir con dificultad con qué fuerza debían quedarse. La maléfica había conseguido perturbar la Conciencia Universal; la que no pudo ignorar que, esta, disponía de una gran capacidad para dañar sin piedad.

Nadie podía ya liberarse de los poderes del Mal. Empezó a propagarse sin parar, contagiándolo todo sin apenas esforzarse, hasta llegar a considerarse superior. Lo que supuso para Él, que se creyera vencedor y el más grande. A partir de entonces, su ambición fue la de sentirse "rey del Universo". Y para ello tendría que bregar. Por lo que arremetió contra todo lo que le parecía que podía alterar su empeño, cometiendo Alta Traición. Desde ese momento, se presentaría como bueno, si así lo requería la ocasión, para conquistar el espíritu del Bien. Con este avance del Mal, las criaturas que ya estaban tocadas por su poder, confiaron en Él, al gustarle su manera de ser. Y se dejaron convencer, sin poder sospechar que estaban siendo engañadas, al estar contaminadas por este. Se quedaban atrapadas, sin que les fuera posible comprender el motivo por el cual enfermaban, si pertenecían al Bien.

No podían ni imaginar que eran víctimas del poder maligno, debido a que este había aprendido a disimular hasta creerse su propia mentira. Ni él mismo asimilaba su fuerza; si bien se proyectaba con ella, no la valoraba ni sabía qué hacer, tras sentir placer por el daño que causaba.

A la vez que el Mal dañaba, se dañaba a sí mismo, puesto que de Él partía la energía que enfermaba; lo que nunca ha querido comprender, cegado por la ira. Hubiera querido causarle sufrimiento al Bien sin perjudicarse Él. Esto no podía suceder, ya que es su poder destructivo el que genera la maleza con la que enferma. Por lo tanto, es a quien le llega en primer lugar. Del Mal parte la fuerza que, primero, la crea y, luego, la ha de reconocer para trascender con la misma. Pero ni siquiera esta consecuencia le hace retroceder. Es tanto el deterioro que desea provocar que, aunque Él también tenga que padecerlo, siente un enorme placer cuando se logra. Esto ha repercutido con un perjuicio sin precedentes en todos los seres del mundo.

El hecho de haber nacido debería ser considerado por el ser humano con mayor interés. Si ha podido nacer, es porque, antes de que lo hiciera, alguien, con mayor poder, tuvo que sentar las bases para que luego naciera él. No obstante, ello no indica que se haya producido bajo el efecto exclusivo del esfuerzo del único Ser capaz de crear vida, que es el de lo divino. Sino que, se ha de producir de igual modo el deseo de nacer en el ser que va a hacerlo. Si nace sin concebir la vida con suficiente interés, no podrá sentirla con la fuerza que se necesita. Lo cual da lugar a que, no aprecie bien su poder ni su valor, salvo que lo recupere.

Amaré siempre, aun cuando mi mente sea débil para percibir mi suerte y poder reconocerla. Mi sangre la siento caliente. De mi vientre, todavía, puedo palpar la fuerza tan inmensa que me embriagó de amor cuando pude concebir la de otras vidas.

Aprecio la vida más allá de mi conocimiento. Aún mantengo vivo el recuerdo de la capacidad que tuve para sentirla a través de otros cuerpos. Cada vez que pienso que, dentro de mí, otros seres fueron capaces de conseguir permanecer hasta lograr nacer, siento que yo también experimenté la idoneidad de dejar que esas criaturas confiaran en mí para su gran experiencia. Considero que, si de mí han nacido, es porque en mí pusieron su confianza para su proyecto de vida en esta parte del Universo.

Dios es el Creador de la Vida, y nosotros, como reproducción suya, un ejemplo. Por consiguiente, una realidad del mismo, tras Él sentirla. Por lo tanto, cuando alguien atenta contra la vida de otro, lo hace igualmente, contra el Poder del Firmamento, contra Dios, ya que Él es su Creador.

Yo también nací. Y antes de que me engendraran, tuve que fijarme en el ser de mi madre para, después, vivir en él. Puedo recordar lo que sentí al decidir que sería por mediación del mismo, como quería volver a vivir los rasgos más significativos de mi existencia en la Tierra. Para ello, necesité saber deducir el valor de mi experiencia, con la esperanza de poder continuar creciendo con ella. Era imprescindible si quería llegar a mi meta para concluir con lo que dejara atrás, cuando, al producirse la agresión del Mal, me desprendí del astro al que pertenecía.

Recuerdo como viví ese instante. Llevaba tiempo, no sabría decir cuánto, (solo en la Tierra existe el tiempo) percibiendo el descontento en una pequeña parte de mi vida. Palpaba que algo de mí se desprendía. Igualmente era consciente del disgusto de otra parte que no conocía, pero que llevaba dentro. Y un día..., un instante..., un momento..., diría que me percaté de su sufrimiento, al margen de lo que sentía. Comprendí que aquella fracción de mi ser que se revolvía, con un nuevo sentimiento que me dolía, quiso separarse de mí, y lo hizo dejando tras de sí el conocimiento que, hasta entonces, había logrado.

Dentro de mi cuerpo, mi alma se dividía con un doble sentimiento. Comencé a sentir los pálpitos de Dios más acelerados, al tiempo que la pena, por no poder consolarme de la parte que perdía, siendo de mi mismo cuerpo. Motivo por el que tanto nos duele cuando alguien a quien queremos lo vemos atormentado, más aún si es hijo nuestro. Así fue como Dios padeció el desprendimiento de su cuerpo cuando el Mal se rebeló y se negó a seguir con la evolución del Firmamento; del que Dios era Alma y Corazón.

De este modo, se produjo la Gran Explosión; con la separación de la Fuerza que contenía el Universo, al perder una porción de esta Fuerza, la conciencia de su valor y de su existencia; para entrar en un proceso de devastación, del que hoy desconoce su propio alcance. Causa por lo que quisiera que aquellos seres que, todavía, puedan llegar a encontrar la razón de su existencia, intenten palpar, de ella, la pureza de la gran motivación que tuvieron que sentir para poder tenerla.

Detrás de ti y de mí existe Dios. Al frente de tu vida, debe darse tu pureza para valorar aquello que, sin ser del todo tú, pudiste percibir; porque constas en la verdad absoluta de Él.

El despertar:
La liberación

Yo soy parte de ti, como tú de mí. Está en mi razón el sentir tu presencia como prueba de mi condición, dentro del poder impoluto que recibo de Dios. Y quieras o no, voy a llegar a ti para que puedas sentir la causa que me diera el deseo de vivir hoy en la Tierra; únicamente con el motivo de querer despertar de la ceguera que, no solo no te deja ver tu manera siniestra de vivir, sino que te gustaría que los demás también la tuvieran.

Y yo a ti te digo: ¡APÁRTATE, Satanás, de mí y de mi cosecha...! De no hacerlo, antes de que anochezca más, vas a tener que sufrir tu propia ceguera, con más intensidad de lo que podrías imaginar. Yo, quienquiera que aquí sea, deseo que nunca más tu poder maldito arruine mi vida. Si intentas meterte conmigo, perecerás en el camino, antes de que tan siquiera puedas acercarte a mi parcela. No voy a consentir, ni una sola vez más, que tú, sin ningún sentido de existir, excepto el de tu propia vileza, me impidas vivir con la fuerza que deseo sentir mi vida y mi existencia. Quiero percibir el valor de ellas para llegar a mí misma como un ser que fui lleno de equilibrio y de pureza. Antes de que llegaras a mí y me trasmitieras, a la fuerza, el semen de tu dolencia; al no poder sufrir, con dignidad, la podredumbre que llevas por tu propia voluntad.

También, quiero que sepas que: La humanidad está enferma por ti. Que la corrupción de tu cosecha ha proliferado, sin parar, por la Tierra. La misma que tendrás que superar cuando retroceda hacia ti. Lo que ya está pasando, tan despacio como esperas, para que te dé tiempo a pensar. A liberarte de tu maldad, y cambiar tu mentira por la verdad. Como nunca, ahora, lo vas a notar y podrás volver a ser la estrella que fuiste. Siempre que decidas abortar tu afinidad con tu propia fuerza embustera y perniciosa, para obtener unos logros que, de una forma o de otra, perderás.

Nada sería igual en la Tierra si en vez de haber ocasionado tanto mal en ella se hubiera hecho el bien. Nadie puede suponer cómo habría sido esta, si no se hubiese originado la degradación. Pero yo puedo hablarte de ella, más lejos de donde puedes llegar a pensar, ya que he vivido en la misma desde que amaneció en su espacio una parte de mí.

Antes de despertar en esta etapa de mi vida, llegué a pensar que, si Dios existía, parecía que todo le daba igual. Me costaba creer que pudiera permanecer impasible ante tanta abyección y miseria como se da en la humanidad; sin que Él, teniendo un poder tan grande, no interviniera de un modo más eficaz para acabar con cualquier posibilidad maligna. Me resultaba sumamente difícil apreciar, de otra forma, su manera de actuar. Viéndolo tan poderoso…, tan insuperable, no podía creer que diera lugar a que el Mal hiciera cuanto quisiera sin Él inmutarse. Este sentimiento, incluso llegó a desesperarme.

No encontraba ningún argumento que me pudiera calmar; el volumen de las fuerzas taimadas era tan grande que ni siquiera podía suponer que el Bien estaba delante. Apenas, en algunas ocasiones, llegué a palpar que, por encima del poder avieso que en mí se fijaba con tanto ímpetu, una fuerza singular me hacía sentir que, abierta a la esperanza de la vida, conseguiría vivir todo lo importante de ella.

Cuando percibí por primera vez el efecto del sufrimiento, con capacidad para razonar en lo que me hacía sufrir, no podía suponer que era solo el comienzo de lo que después me iba a llegar.

Me resultaría complejo explicar cuánto he padecido. En cambio, puedo decir que: Nada de lo que me ha hecho penar ha podido dejar en mí la resabia de su intento de perturbar mi manera de sentir. Sin embargo, logró hacerme creer que todo lo que palpaba dentro de mi ser debía corresponder a otro. Nada de cuanto quería, sentía que me pertenecía. Así, muchas veces llegué a pensar que si Dios existía, yo no le importaba.

La carencia de casi todo lo que necesitaba para ser feliz, a veces, era tan exagerada que creía que no lo podría resistir. Entonces, me aferraba al deseo de vivir, naufragando y vibrando, al unísono, con la esperanza que yo misma me creaba, por encima de lo que esperaba. Lo que, en ocasiones, podía sentir que aliviaba tanto mi alma que hasta conseguía ser dichosa. Mas, cómo podía saber lo que me pasaba. Era como vivir algo ajeno a mí, que me llegaba como un infierno. Por entonces, no podía comprender que el Mal existía a un nivel que ahora conozco.

Todo el mundo debe saber cómo actúa el Mal para que pueda liberarse de Él. Espía desde los más diversos planos de las frías corrientes que se dan en los seres humanos.

En cada ser vivo residen las dos fuerzas, la del Bien y la del Mal. Según sea la forma en la que se revele su modo de sentir y de pensar en cada momento, se irá desarrollando una u otra en mayor o menor medida. Ambas, son sensibles a cualquier impulso natural que las mueva.

Dependiendo de la manera de sentir y de pensar, se producirá, en las fuerzas del Bien y del Mal, el estímulo convencional que dará lugar a que al ser vivo le llegue, de ellas, lo que llevan.

Cuando alguien recurre a una de las dos fuerzas, con un sentimiento abierto a las posibilidades que pueden dar, percibe, con todas sus consecuencias, la bondad o la maldad de sus esencias. Cada una reacciona con poderes diferentes, aunque estén vinculadas a la misma alma universal, a la que ambas pertenecen. Lo que cambia en ellas no es la fuente, sino el agua que vierten de distinto manantial. En un momento dado, en esa fuente se dio otra corriente que comenzó a emanar un agua desigual, al cambiar su manera de sentir y de pensar. Lo que dio lugar a que la corriente principal se viera sometida, imprevisiblemente, a tener que aceptar a la otra como parte de sí misma, a la vez que a separarse de esta; eran incompatibles.

Cuando el poder del Mal hizo acto de presencia, en aquel momento, se produjo una fuerte tensión que provocó que las estrellas temblaran y chocaran entre ellas. Desde ese instante en el que se dio la traición (que fue más fuerte que la intención), el espíritu traidor, surgió de una de las estrellas rebeldes; la única que se responsabilizó de su propio acto. Por lo que ha culminado en el poder en el que creyó y que ha ido aumentando sin ninguna otra razón que la de causar daño. Fue también el momento en el que el Mal se extravió y comenzó su andadura sin ninguna precaución. Motivo por el que, cuando actúa, lo hace bajo el efecto de su falta de cordura, pues carece del poder de la templanza que solo en el Bien perdura.

Mi trabajo consiste en recordar cuanto me trasmiten y en confirmarlo. Lo realizo mediante el medio que tengo a mi alcance, para no equivocarme al recogerlo cuando me abro, intencionadamente, a mi Guía Espiritual: Mi vía universal para acceder al conocimiento que guardo en mi espíritu.

El interés que mi Guía tiene porque conozcamos su verdad, consiste en su afable deseo de rescatar al mundo de su terrible e injusto sufrimiento; traicionado por gente ofuscada en su propia conveniencia personal. Nada tan lamentable, si tenemos en cuenta la repercusión que ello tiene, por culpa de quienes están en la penumbra de una maldición espeluznante, sin querer rasgarse las vestiduras y decirle al mundo la verdad que esconden; arropados en una conducta tan artificiosa como pretenciosa. No obstante, ahí han quedado sus sembrados. Los mismos que podrán recoger. Mas, deberían estar preparados para cuando las cosechas les vengan al revés y se les pudran en las manos.

Desde hace algún tiempo, la energía del Universo, se siente extraordinariamente extenuada. Se está agotando el Ciclo Universal que Dios abrió para que todos los seres tuvieran la oportunidad de cambiar corrigiendo sus encuentros con las fuerzas malignas. Es el único modo de poder seguir su proceso hasta llegar a la Unidad del Universo. Con la esperanza de que todo vuelva a ser igual que antes de que se diera la rebelión del Mal, provocada por las referidas fuerzas malignas.

Si quieres sentirte libre del poder del Mal, lo primero que deberás hacer será no reconocerlo y seguir tu camino en el Bien. Por otro lado, nadie se podría valorar en su justa medida si no trascendiera mediante la interacción de su poder con el de otros. Por eso, cuando alguien quiere tener capacidad para colmar sus ambiciones necesita que los demás se fijen en él. El problema es cuando pretende ser tan protagonista, que su estrategia se basa en hacer cualquier cosa, a cualquier precio, para atraer la atención, con el objetivo de ejercer su propio poder, sin tener en cuenta a los demás. Razón por la que nada de cuanto haga conseguirá el efecto del Bien, debido a que no es una causa buena ni equivocada, sino basada en la traición. Considerada por la inteligencia del Bien como fuerza solapada para ejercer la alevosía, que es lo que todavía le ampara.

No quisiera ser bombilla de sus lámparas, cuando la voluntad de Dios se abra por el Universo para acabar, en una sola mañana, con toda la miseria sembrada.

Me siento consolada, al pensar que los amaneceres van a ser libres y claros. Y que, por fin, voy a ser liberada del sufrimiento. Y no es que sea la persona más dañada, pero considero que me sentiré beneficiada cuando todo amanezca, de nuevo, con el brillo propio de la vida, sin las oscuras sombras del Mal.

Es probable que lo que estoy diciendo, haya quien lo quiera olvidar. No le será posible; el poder de Dios le llegará infalible. Y no podrá librarse de él. Ni evitar que su alma le grite su verdad, desde su conciencia despejada; para que pueda obrar con conocimiento de causa. Tal vez, a estas alturas, después de llevar tanto tiempo una coraza, necesites ayuda, y yo te la puedo dar.

Si quiero ayudarte es porque, de algún modo, conozco de ti una gran parte que también me atañe. No es mi intención juzgarte, sino ayudarte a salir de tu propia maldición, antes de que sea tarde.

Yo ya estoy viviendo la verdad de lo que digo. Desde hace algún tiempo, he ido conociendo parte de nuestro destino. Y puedo asegurar que no exagero nada de cuanto aquí menciono.

El Principio y el Fin de nuestra existencia en la Tierra

Los astros que vemos son los mismos desde cualquier lugar que los miremos. Representan la señal más vigorosa de todas cuantas hemos recibido. Nos están indicando que siguen donde se quedaron, cuando cayeron sus padres, hijos y hermanos al vacío, como astros, de los que somos partículas procedentes de ellos. Razón por la que continuamos aquí como padres, hijos y hermanos; a escala empírica y terrenal. Pero, sobre todo, su presencia física, a nuestro alcance de poder verla, destaca la perseverancia del interés de Dios porque volvamos a nuestro lugar de origen. De ahí que nos haya dejado la prueba palpable de la existencia de nuestra familia universal. Y, como sucede con las familias en nuestro mundo, lo natural es que queramos volver con ella. Y aquí empieza el Principio y el Fin de nuestra existencia en la Tierra; donde estamos de paso.

Hemos de poner ya nuestro pie sobre la línea trazada en nuestro destino desde el Origen de la Vida. Y no poner más obstáculos para recorrer el camino de nuestra verdadera suerte. Tenemos una gran razón para hacerlo. Por lo que espero que, al conocerla, recurramos a nuestro talento humano, y hagamos lo posible por lograrnos con ella: Tocar el Cielo con nuestro deseo. Dios nos ayudará a percibir el olor puro de la vida, orientada a la ilusión y a la calma. Y de esta manera, formar parte de la Ola del gran Amor, que nos ha de envolver a todos para transportarnos a nuestro verdadero lugar de pertenencia; el que abandonamos por un gravísimo error.

No debemos dar más treguas para cumplir con nuestra genuina necesidad de recuperar nuestra identidad perdida. Vayamos a donde vayamos, no acabaremos de realizarnos, si no retornamos a nuestro origen. Tenemos todas las claves para conseguirlo. Mas, será decisivo que las conozcamos y hagamos lo conveniente: Retroceder en lo que nos pierde, y abonar cada momento de nuestra vida, con el extracto más puro del amor que podamos sentir. Si lo hacemos así, no tendremos que preocuparnos de nada más. La Luz se nos da. El beneficio de la tierra y del agua también. ¿Por qué, entonces, nos cruzamos en el camino de Dios para destrozarlo todo?...

Somos almas perdidas. Lo más importante es saber encontrarnos para reparar nuestros daños. Y ser capaces, de una vez, ya para siempre, de dejar de tomarnos el pelo a nosotros mismos.

Callados, estamos mejor que hablando, si, lo que decimos, está envenenado.

Tenemos que dejar de vestir de luto al mundo. No se sabe cuánto puede durar la oportunidad que se nos está concediendo, desde el Cuerpo y el Alma de la Vida; al parecer, en demasiados casos, irrelevante para nosotros.

Sería muy inteligente, por nuestra parte, empezar a tejer el amor. A hacer de él, el principal primor. Si pensamos en ello, y nos predisponemos para conseguirlo, veremos que es más fácil y ameno que lo que estamos haciendo para destruirnos.

No podemos seguir siendo las nubes más cerradas y oscuras de nuestro huerto humano. Necesitamos labrarnos a nosotros mismos con emociones libres, mientras los rayos del Sol nos dan la Vida. Somos mejores de lo que, en realidad, nos reconocemos. Tendremos que vernos por dentro y tocar nuestro corazón con el amor más límpido. Y si tenemos que imaginar algo, que sea el principio de nuestra libertad.

Menos embrollos, y más acción humana. Menos avances en lo confuso y retórico, y más profundidad benigna. Los falsos actores que desequilibran el orbe, perderán hasta sus zapatos, si no buscan una solución auténtica que ponga fin a sus despilfarros; tan anómalos, como infieles e innecesarios. Habrá quien no esté físicamente aquí para poderlo contar. Pero, como todo fluye en el universo, su efecto será percibido por todos los seres del mismo. Las Reglas de Dios no son solo para unos cuantos, si no para todos sus hijos, por igual.

El fantasma del yunque que vigila, con mala fe, la suerte del mundo, se puede quedar ciego, de seguir sin querer ver ni aceptar la Verdad como es. Ni cogido de la mano podrá andar si no pone sus pies en su sitio, y deja de taladrar la Cuna Inocente de la humanidad.

Es momento de sacar los pies de donde pisan al mundo. Y plantar los múltiples frutos para alimentarlo.

Aquellos seres humanos que perciban esta Obra con disgusto, deberán lavarse bien los ojos para que desaparezcan sus legañas y puedan descubrir en ella la buena intención con la que ha sido escrita.

Deseo que amanezca, para todos, el día más libre de nuestra existencia. Y que podamos disfrutarlo en una gran fiesta entre el Cielo y la Tierra.

Se han de crear nuevos espacios, donde el ser humano, y el resto de los seres de la Tierra, puedan vivir.

Nuestro planeta está preparado para dar de comer, dignamente, a todas las criaturas que lo habitan. Pero hay que cuidarlo. El hollín del fuego envenenado que está recibiendo lo está matando.

Hemos de recoger la broza de nuestro infierno, y echar en su lugar rosas frescas y bellas, quitándoles las espinas, si las tienen, para trasformar el hollín en abono. Y con el mismo, seguir abonando los frutos que lo necesiten. El amor chispeará en nuestra alma. Y veremos que, con él, es posible alcanzar el cielo.

Tenemos que lograr impedir que las horas pasen en falso por nuestra vida. Cambiar la dirección de las agujas del reloj hacia la dirección de la misma. Y poner rumbo a la nuestra hacia el amor. Se abrirá el Sol, y se encandilará con nosotros. Conseguiremos recuperar la Paz perdida, de la Suerte que nos concede la propia Vida.

La Estrella que se rebeló contra Dios

-*"Amada hermana, dibuja la estrella inmaculada que será la estrella renovada que perdió su cordura en aquel tiempo del que ya has hablado. Dibújala y, luego, pregúntale lo que cree que le ha pasado."*

Visita mi página web para ver imagen a color:
https://carmenjimenezmartin.com

"Perdí la razón, al sentir que no tenía valor para continuar la labor que emprendí. Fue doloroso tener que admitir que no podría seguir al ritmo que otros astros me exigían para que diera de mí todo cuanto podía. La finalidad de la labor era la que logró Dios: La de crear vida donde no hubiera, dando de Él cuanto tuviera. Lo que solo Él consiguió entre todos los astros que existieran nacidos de su condición."

"La rabia que sentí cuando percibí su Evolución, supuso para mí una felonía. No comprendí que nadie me había traicionado, sino que fui yo quien se negó a seguir la labor encomendada, por mediación de la fuerza del amor. Esto solo lo pensé en el momento en el que me embriagó el deseo de rebelarme contra Dios; por lo que no tuve tiempo para discurrir en lo que iba a hacer. En ese instante, pude haber retrocedido, pero no lo hice. Así perdí mi razón, cuando me dejé llevar por el poder de la traición por primera vez. A medida que avanzaba, mi ira aumentaba contra el Creador, sin ninguna causa que me consolara porque no existía".

- "Como ves, hermana, el Mal nos habla a través de lo que se capta de su conciencia."

El mundo, al que pertenezco, llora su suerte. Los ponedores de cepos, que en él abundan, están acabando de atrapar a las pocas olas salvajes que todavía quedan de la vida.

Es bueno decir que todos somos hermanos. Que debemos ser más humanos y extender ampliamente nuestras manos para ayudarnos.

El mundo puede ser justo. No obstante, para conseguirlo, quienes lo manejan, necesitan una buena dosis de influencia del amor, con el fin de que aprendan de él, y dejen de corroer y corromper el Canal de la Vida que a todos nos pertenece. Sus sombras oscurecen nuestras vidas y la de nuestro planeta, más allá de lo que se reconoce.

El orbe será libre cuando el ser humano deje de ser el traidor egoísta que es. Después, se hablará de su verdadera inteligencia. Antes, tendrá que devolver a la Tierra el derecho que le ha quitado de ser el espacio de todos, con las reglas de la vida. Será entonces cuando el mundo pueda ser justo y libre.

Nuestro planeta está imbuido en la maldad. Necesita que la mano de Dios derribe y desarticule la red mafiosa de quienes, entre otras cosas, se inclinan a favor del malintencionado dominio sobre la humanidad. Nada tan antinatural como crear desavenencias contra la vida. Quien las crea, beberá el agua sucia de su propio charco malévolo.

Dios espera que el ser humano empiece a hacer la Señal de la Cruz en su frente en honor al Amor que siente por él, y deje de practicar, queriendo o sin querer, la invertida que nos sigue crucificando. No es normal que mezclemos a Dios con el Diablo en nuestras vidas.

Con el Signo de la Cruz bien hecho, y solo en la frente, se reconoce el Amor de Dios por el hombre.

Anhelo que Dios nos libere de las garras mundanas que hieren y matan con cualquiera de sus armas, sin importarles la barbarie que cometen. Son tantas las atrocidades que la raza humana padece, que hay mucha gente que ni de vivir tiene ganas. El Mal quiere que se pierda el deseo de vivir y que no se dé importancia a nada de cuanto la tiene. Para, en cambio, aplicársela a lo que Él aspira. Y, así, ganar su batalla, convirtiendo la Tierra en un espacio sin alma, para robar a Dios sus poderes.

Otra cuestión preocupante es la clonación de los seres. Con todos mis respetos, pero, si los científicos que creen en ella, en contra de la opinión de muchos otros, quieren ser como Dios, ¿por qué no son capaces de crear nuevos seres sin tener que alterar los que Él creó?

En alerta deberán permanecer cuando oigan la

voz de Dios, que les llegará, en su momento, para su salvación. De nada les va a servir que hablen de ellos, si es lo que pretenden conseguir, puesto que no sabrán ni quiénes son, al perder el alma y la razón, por no considerarlas.

En la sabiduría del alma se hallan las respuestas que han de consolidar la salud entre el Cielo y la Tierra. Y aunque respeto a los científicos que se entregan al ejercicio de descubrir remedios para mejorar nuestra salud, es evidente que no han encontrado el más importante. Me refiero al que puede cerrar la puerta de entrada al abismo de las enfermedades; del que se viene huyendo. Dejando en el aire la Verdad y la Mentira; extraordinariamente revueltas entre grandes enigmas sin resolver.

La ciencia representa la Cara y la Cruz de la Moneda, con la que podrá entregar al mundo la Verdad y la Mentira que esconde la Cruz que enferma. De no entregarla, entorpecerá el plan previsto por Dios para poner fin al Mal en nuestro planeta, mas no podrá impedirlo.

Dios nunca ha alterado ni alterará nuestro sistema de vida; no corresponde a Él ninguno de los daños causados en el mundo, sino a Satanás.

A lo largo de la historia, muchos hombres han querido ser más poderosos que Dios, y lo único que han logrado ha sido sembrar el terror. Otros, más sutiles, se han atribuido su poder y han metido miedo con él para someter a la humanidad. Nada más perverso para nuestro modo de vivir, ya que, en lugar de conocimiento para saber hacerlo con fundamento, hemos tenido y seguimos teniendo temor e ignorancia. A pesar de ello, lo peor no es que haya pasado, sino que siga ocurriendo.

Tenemos que abrirnos al conocimiento, en vez de perder nuestro tiempo en lo que nos desborda, que es lo mismo de siempre, con distintas formas. Lo que nuestra sociedad está viviendo parte de otra maniobra. Ahora quieren ocupar nuestra mente en cualquier cosa perentoria, por recelo a que nos superemos y les rompamos sus esquemas; por lo que siempre se han condenado a los hombres.

El mundo es grande. Cada uno de nosotros, somos el mundo y su contenido. Formado este, al pie de la vida, está sujeto a la voluntad del ser humano. A quien le corresponde salvarse de su absoluta destrucción y liberarse de la llaga de la vergüenza y la traición al Hijo de Dios; rigurosamente escondida en la memoria que registra nuestra conciencia.

Salpicados, unos, y rotos otros, por la mala fe humana, caminamos con la pesadez de una Cruz que nos traspasó y nos reventó el alma. Aquel Ser éramos también nosotros; representaba al Hijo Universal de Dios hecho hombre. Así que, si lo liberamos de la Cruz, se producirá el Efecto Sagrado que, en el fondo de nuestro ser, por tenerlo reconocido en nuestra conciencia, aunque no lo recordemos, todo el mundo espera. Nos lavaremos los pies con la bendición de Dios y empezaremos a caminar libres.

EPÍLOGO

Todo se ha repetido hasta la saciedad en los aforos de la vida. Ahora ya, estamos encumbrando las cimas más elevadas del alcance de un Mal empedernido que cada vez vuela más álgido y alto hacia sus metas. Está presionando, como nunca, el espíritu, la mente y el corazón de quienes le siguen en sus burdas y mezquinas pasiones. Tiene tanto terreno ganado sobre la humanidad que, apenas, esta es consciente de lo que el verdadero poder maligno supone en nuestras vidas. Él sabe que es infiel a Dios y al prójimo. Y que los seres del orbe son vulnerables a su acometida. Pero se está encontrando en la misma situación que cuando era astro y se rebeló contra Dios. Es consciente de que, igual que sucedió antes, ahora también se daña a sí mismo con tal de poder clavar sus dientes en la carne y en el alma de los más débiles. Cada día urde más sus pretensiones, con la vista nublada por la avaricia. Rabiosamente despiadado contra un orbe que no está preparado para responderle como debería hacerlo.

De ahora en adelante, es necesario que, quienes deseemos poner nuestra alma frente a la fiera, infalible al Maligno, conozcamos que, en nuestro deseo de amar al mundo, sigue viva la Llama Encendida con la propia Mano de Dios. Para que, llegado aquí, el poder maldito causante de todas las miserias, no tenga más remedio que detenerse o quemarse.

Ni un solo resquicio del pasado quedará con vigor en el alma de quienes apuesten de verdad por la vida, entregados al amor. Los seres humanos dañinos, a su vez dañados por el Mal, verán sombras que se les irán deteniendo delante de sus ojos para que puedan verlas. Y saber que, si no las quieren ver, tendrán que eliminarlas acudiendo a su despejamiento moral; únicamente viable mediante el desembarazo de la mala semilla. Yo puedo ayudar a que ello sea posible. Sin embargo, la respuesta está en cada uno de nosotros; hay que elegir entre el Bien y el Mal. No existe otro modo de cambiar nuestra suerte de acorde con la vida, que definirnos con ella. Todo será distinto desde el momento en el que seamos conscientes del valor tan inmenso de nuestra lealtad a los principios corolarios de las bases esenciales de la misma.

Para cabalgar hay que disponer de un caballo. Para sonreír y apreciar el valor de la vida, hay que tener alma.

El alma respira de la vida. La vida se respira del alma que la inicia. Porque Dios dejó su corazón forjado en la Ciencia del Amor; dando de Él todo lo necesario para la posible salvación del mundo. Otra cuestión es cómo se está tratando.

Hemos nacido de la misma Fuente de la Vida. Nos distinguen las señales de guerra o de paz en las que hemos sido alumbrados. Algo que ha propiciado el ser humano, robando derechos fundamentales y hasta la vida de sus semejantes.

Nuestras venas son las mismas; ni una más ni una menos nos diferencia. Hemos dejado a un lado todo lo que es auténtico y nos estamos dirigiendo hacia las puertas del infierno, empujados por su dueño.

Necesitamos tomar decisiones claras que tengan que ver con lo que la vida enseña. Veremos los caminos diáfanos y llanos si nos disponemos a caminar por ellos con la voluntad abierta a los Valores Universales; los que nos indican, sin trucos, cómo debemos aprender a vivir. Tenemos muchas cosas buenas. Bastará con ir reconociéndolas, como prueba de nuestra voluntad de cambiar para bien, y dejar de alimentar las malas.

Vamos a ser rescatados por Dios de nuestra propia inmundicia. Mas, si ponemos resistencia, Él no nos va a obligar a cambiar. En este caso, quienes se nieguen a poner fin a sus maldades, serán correspondidos únicamente por las fuerzas del Mal a las que se entreguen. No se puede tener lo que se desprecia, poniendo en riesgo a todos los seres del mundo de quedarse atrapados en las terribles garras del poder pérfido; sometidos a él.

El Embudo de la Suerte se dará la vuelta y comenzará el Principio del Fin del Mal, lleno de sorpresas para toda la humanidad. Nadie podrá oponerse a ello.

Ninguna de las palabras más duras escritas en esta obra han pretendido causar el menor daño a nadie. Han sido escritas con un especial cariño, con la única intención de que conozcamos el Mal como realmente es, y podamos liberarnos de Él, si así nos parece oportuno.

www.ingramcontent.com/pod-product-compliance
Lightning Source LLC
LaVergne TN
LVHW051504080426
835509LV00017B/1914